JN081886

Megumi Kanzaki
CARE BOOK

神崎CARE

SKIN CARE , BODY CARE , HAIR CARE , BODY TRAINING ETC...

PROLOGUE

Skin Care

Hair

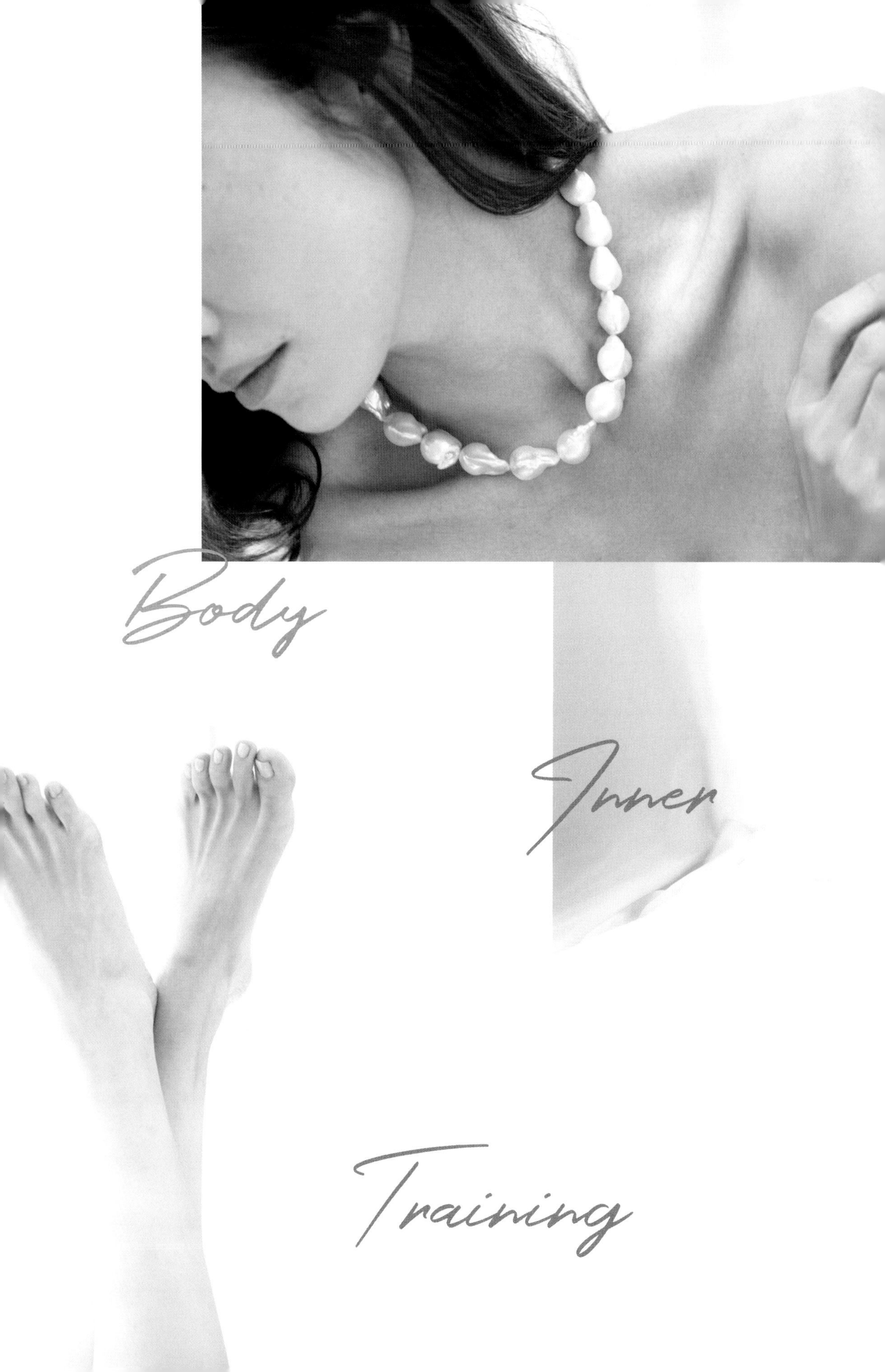
Body
Inner
Training

はじめに

一度くらいは自分のからだを好きになってみたい。

その思いが、年々、年齢を加えるたびにわたしの中で色濃くなりました。
10代20代の頃は、服やメイク、顔やからだの上に纏うもので
綺麗になること、自信をもつことに大きな意識を向けていたように思います。
でも、30代になり、40代になり、ふと自分のからだや肌、
気持ちや生き方、そんな素の「自分」と向き合ったとき、
「なにも着ず、素顔のまま、丸裸の自分を好きになれたら、どんなにいいだろう」
と思うようになりました。

変化する自分。
なんとなく「自分は変わらないだろう」とぼんやり抱いていた予想図。
年をとったって、さほどからだも顔も変わらないだろうと、
なぜかそう思っていました。

でも、時間は確実に過ぎていく。
子どもが10年たてば10歳になり、20年たてば20歳になるように、
40年たてば40歳なりに、50年たてば50歳なりに、肌は変わり、
からだも変化し、見た目というものは変わっていくと実感しています。
わたしも、30代に入り始めた頃から、
いろいろな変化を感じ始め、それが重なり続けてきています。
肌がくすみ、シワができ、フェイスラインがもたついてくる。
くっきりあった肩甲骨がいつのまにか埋もれ、
膝がぼやけ、腰まわりに浮き輪のような肉がつく。

自分の気持ちはそのままに、変化していく外見。
気持ちと外見のギャップに戸惑い、不安を感じたこともありました。
もともと小柄なうえにまるいからだのわたしは、
自分の思い描く憧れるからだとはほど遠く、
そんなからだをできるだけ見ないふりをしていました。
毎日お風呂で裸を見るたび、更衣室での大きな鏡に映る自分を見るたびに、
そこに重なっていくエイジングのあれこれ。
気持ちが濁(にご)っていくのを感じました。

そんなとき、わたしの気持ちの向きを変えてくれた一言がありました。
美容界のある方の一言。
「僕はからだが小さいから、その代わりからだの形に力を入れている」
詰まっていたものが流れ落ちたようなすっきり感。
「あ、そうじゃん、肌だってからだだって育てればいいんだ」
と。

完璧ではなくても、少しでも自分が「いい」と思えるように、
工夫したり、頑張ってみたらいいじゃん、と。
忘れていた大切なことを思い出せた瞬間でした。

そして、挑戦したくなりました。
45歳になり、50代の自分というものがちょっとリアルになってきた今。
ここらへんで、一度くらいは丸裸の自分を好きになってみたいな、と。
頑張ってみるか!! と思ったのです。

この本は、とにかくケアにこだわった1冊です。
メイクもファッションも一切なし。
肌を育て、こころをヘルシーに、からだの形を作り上げる本。

バランスの難しいからだや、もともと美肌ではないわたしが、
試行錯誤し「これはいい!!」と思ったケア方法だけを詰め込みました。

今、わたしは自分のことを「いいじゃん」と感じ始めています。
嫌いだった自分のからだも、「もっとこうだったら」が絶えなかった肌も、
こころもすべて、「なんかいいじゃん」と。

肌は変わる、からだも変わる、気持ちが変わる。
こころを込め、時間をかけ、ときに楽しみ、ときに頑張ることで、
いつだってなりたい自分に近づけるという手応えを感じています。

ここから始まる、ケアという「理想の自分」を育てるプロセス。
すべてをやる必要はありません。これならできそう。これ気持ちよさそう。
そんなこころ惹かれたものをひとつでも試してもらいたい。
きっと、嬉しい効果、嬉しい予感を感じてもらえると思っています。

Take care of yourself...

A Year of
Mornings

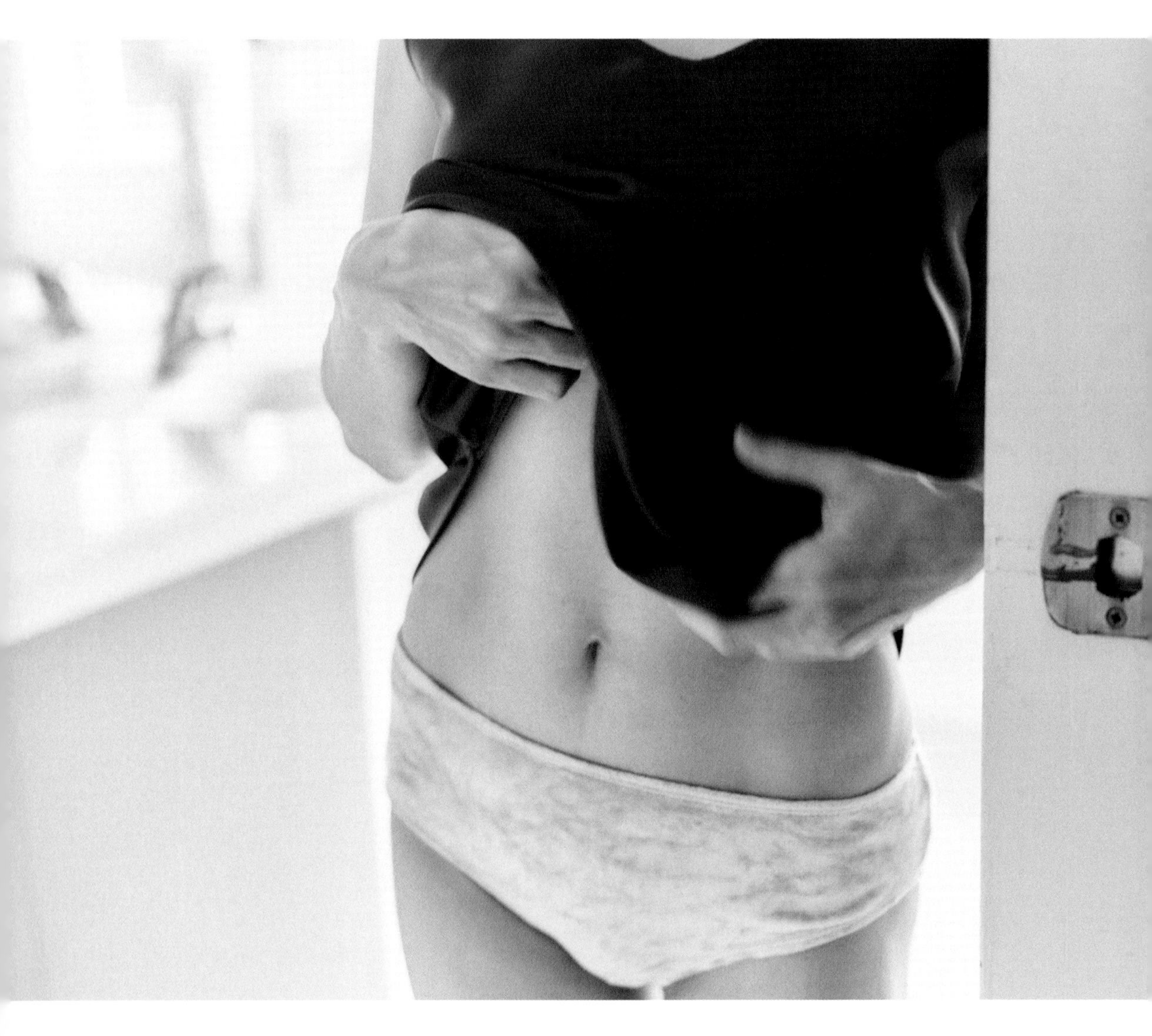

CONTENTS

PART 1

SKIN CARE

スキンケア

神崎流スキンケア総論

わたしが理想とする肌は「艶、ハリ、透明感」が溢れている肌。
肌の奥底から表面まで十分に満たされている、潤んだ艶があること。
必要なものがすべて正しく詰まりきっているような肉厚さがあり、
内側から持ち上がるようなパーンと生き生きとした弾力があること。
ほわんと発光するようなまろやかに光を帯びた透明感のある肌色であること。
わたしはこの3つを目指しながら肌を育てています。
肌は、ひとそれぞれです。
100のひとがいたら、100の肌がある。
自分の肌を見て触れて、観察し、まずはどんな肌になりたいかを、
明確に意識することから始めるのが大切です。
そしてその肌を思い描きながら、コスメを選び、ケア方法を組み立てていくことです。
スキンケア。
一言にスキンケアといっても、限りなくといっていいほど数多くあるコスメの中からなにを選ぶべきなのか？
それをどうやって使い、どうやって組み立てれば正解なのか？
ひとがどうやっているのかが見えないだけに、迷うことも多いのかもしれません。

でもスキンケアは実はとても簡単です。
必要なのは、暗記とアレンジ力。
とてもシンプルな方法の暗記と、それを肌や気分によってちょっとだけアレンジする想像力。
たったそれだけで肌は面白いほどに変わるのです。
例えば、すべてのステップにおいて、手のひらを使ったハンドプレスをすること。
洗顔は肌が強い部分から始めること。
このような簡単な約束ごとを丸覚えすること。
そして、肌がくすんだときには化粧水を含ませたコットンパックをプラスする。
肌がごわついているときには酵素洗顔を投入してみる。
といった具合に、アレンジを効かせていくことです。
今回は、そのスキンケアの効果をぐっと底上げする準備ケアもご紹介しています。
この準備をするのとしないのでは肌の育ち方が違う。
はじめは「面倒くさい」と思うこともあるかもしれません。
けれど、数日続けることでそれは習慣になり、
例えば歯を磨くことと同じように当たりまえのことになります。
そしてスキンケアに慣れ、コツをつかむことで、今度はアレンジすることが楽しく、簡単になる。
この「スキンケア」の章では、そんな基本の暗記とアレンジの方法をお話しします。

BASIC

SHORT VERSION

［ベーシックなショートバージョン］

ショートスキンケアは2ステップで完了

わたしのスキンケアは、２パターンあります。
ひとつは、これからお話しするショートバージョン。もうひとつは、P46〜ご紹介するロングバージョンです。時間がないときのショートバージョンでは、化粧水も乳液も使いません。
クレンジングをし、洗顔をした後は、
美容液とクリームのみ、この２ステップで完了。
しっかりと汚れを落とし、美容液で濃厚な美容成分を浸透させ、高機能クリームでさらに美容成分を入れ込みしっかりと密閉する。クリームでぴたりと密閉することで、そこから長時間美容成分がぎゅぎゅっと肌へ送り届けられ続けるというケアです。
毎日のケアは、簡単であること。今までいくつものスキンケアを試してきた中で辿り着いた結論。
忙しい毎日の中でもスキンケアが億劫にならず、ストレスにならない、でもしっかり肌への効果を感じることができる。高効果でシンプルであること。これがわたしにはとても大事。
スキンケアは「やらなきゃ」という思いに追われては意味がない。シンプルに心地よく、それでいて確かな効果実感、このバランスが重要だと思っています。

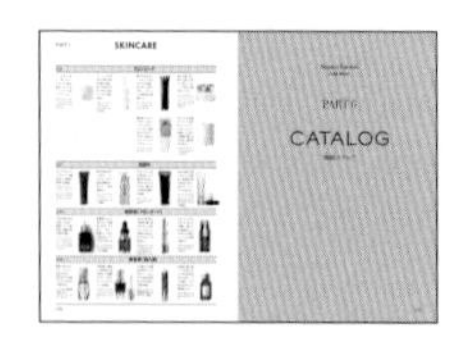

スキンケアの
商品情報は
P.173〜
「神崎カタログ」へ

BASIC

SHORT VERSION

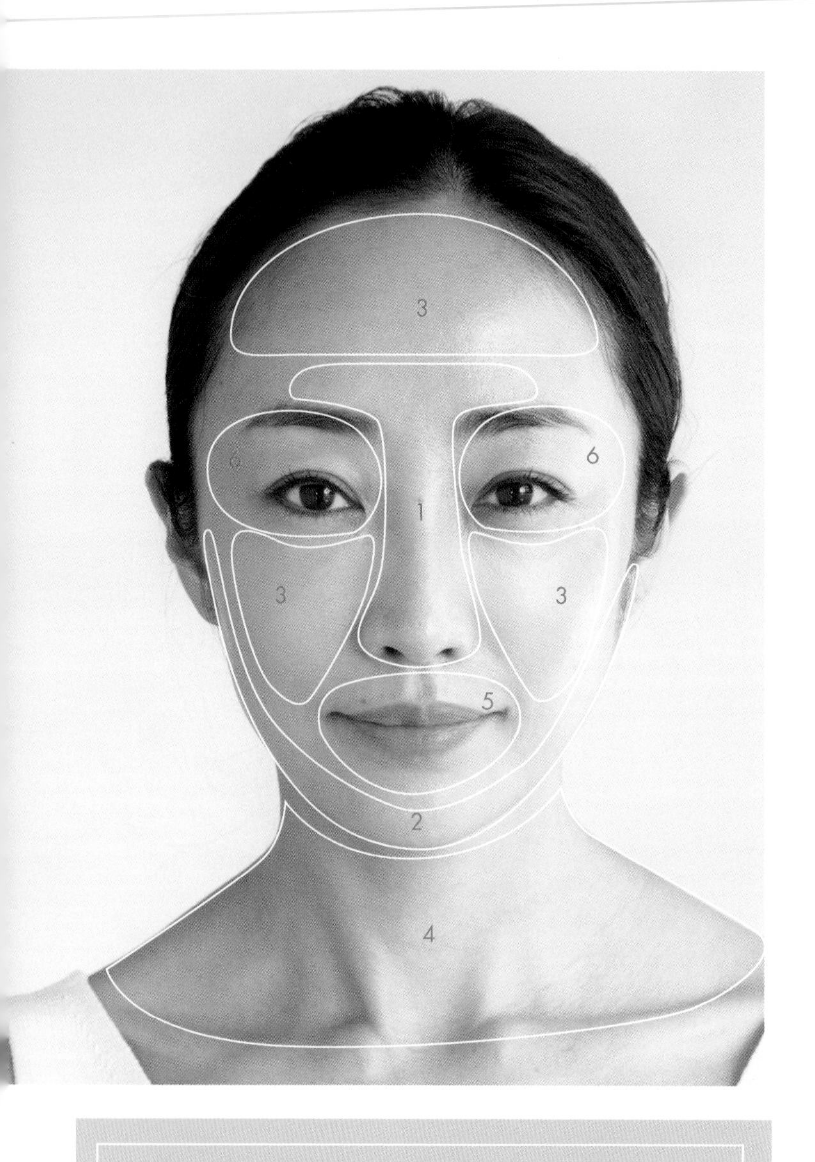

CLEANSING
［クレンジング］

所要時間は長くて1分半 クレンジングによる刺激を最小限に抑えること！

「クレンジングのついでにフェイスマッサージを行う」という声を聞きますが、わたしはおすすめしません。肌への刺激を極力おさえるため、できるだけスピーディーに、かつ摩擦を抑えるのが神崎流。クレンジング剤を顔にのせる時間はなるべく短くすべきです。肌にのせる際は、皮脂分泌の多いTゾーンから始めて、皮膚が薄くデリケートな目元を最後に。わたしはデコルテにも日焼け止めを塗るので忘れずに落とします。

クレンジングと洗顔は肌の強い順番に。①Tゾーンや小鼻周辺→②あごまわり→③額と頬→④デコルテ→⑤口元→⑥目元。皮脂が多い部分から始めてデリケートな部分を最後にという順番で行います。

神崎流クレンジングの使い分けポイント

オイル、ミルク、クリーム、拭き取りなど、さまざまな種類がありますが、わたしは基本、ミルクかクリームタイプのものを愛用しています。オイルやジェル、拭き取りタイプのものに比べて、洗浄力と肌への負担の少なさなどのバランスがいいと感じているからです。クリームはクッション性が高く、直接肌をこすらずにすむので、摩擦が軽減されます。また、わたしはフィルムタイプのマスカラなど、お湯で落とせるアイテムを使うことが多いので、ポイントメイクアップリムーバーを使うのは、ウォータープルーフのマスカラやアイライナー、ティントリップを使った日のみ。

WASH
［洗顔］

洗顔はスキンケアの要
こすらず、残さない
正しい洗い方を心得て

洗顔には押さえておくべきポイントがいくつかあります。決してこすらないこと。たっぷりの泡を転がすようにして洗うこと。そして、すすぎは水に近いぬるま湯（32℃前後）を、パシャパシャと当てるようにして、しっかりと流します。生え際に洗い残しがあると、肌だけでなく頭皮にも悪影響を及ぼすので注意して。また、乾燥肌のひとの朝洗顔で洗顔料をのせるのは、鼻まわりなど、ベタつきやザラつきが気になる箇所のみに。

KANZAKI'S ADVICE
神崎アドバイス

泡立てネット、どのように管理していますか？ 濡れたまま、浴室に放置は絶対NG。雑菌が繁殖して肌トラブルの原因になりかねません。洗顔料を綺麗に洗い流し、風通しのよいところで乾かしましょう。

洗顔の泡の目安はテニスボールくらい。泡の質はキメ細かくフワフワで、顔にのせた後も泡がへたらずに弾力を維持できることが理想。泡立てネットを使うと簡単ですが、使わない場合には水を少量加えながら、空気を混ぜ込むように手のひらの上で泡立てると弾力ある泡になります。

SERUM & CREAM

［美容液＆クリーム］

化粧水や乳液をつけず
美容液＆クリームの2ステップのみ

お手入れの思い込みを捨てることも、ときには大切。化粧水や乳液を使わずとも、肌をみずみずしい状態に整えることができます。ショートスキンケアで使うのは、潤い力の優れた美容液とクリーム。丁寧に肌へと入れ込めばやわらかな艶肌に。

KANZAKI'S ADVICE
神崎アドバイス

効果をより感じるために、プラスαのアイテムとして導入用の美容液を使うのもひとつの手です。美容液やクリームをつける前に使うことで、肌に美容成分を浸透させる準備がしっかりとできます。

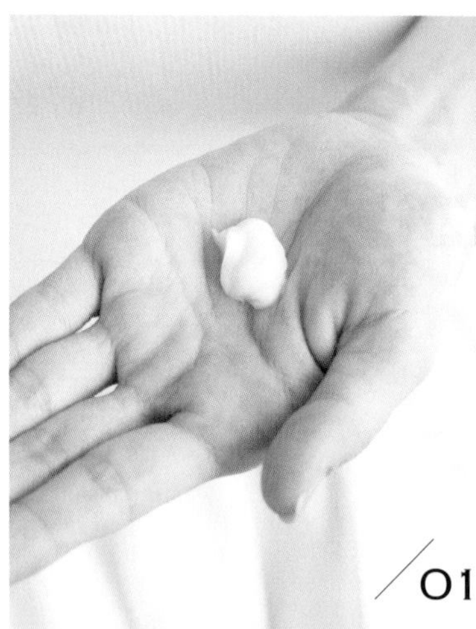

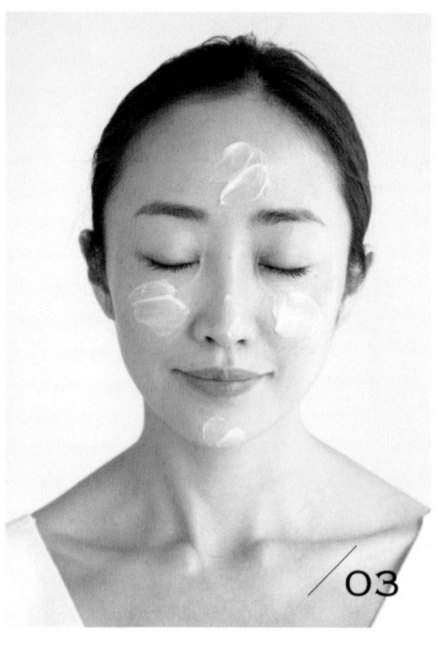

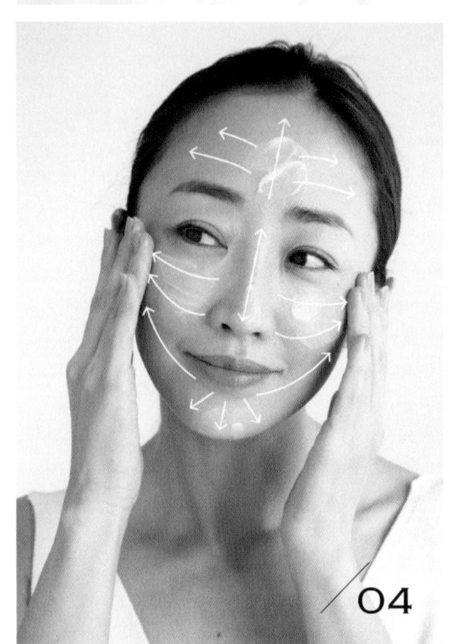

01

このケアでは、美容成分をしっかり入れ込むため、美容液やクリームは量をたっぷり使うこと。

02

出してすぐ肌にのせるのではなく、両手のひらで軽くなじませながら温めます。

03

顔全体にまんべんなく広げられるように、両頬、額、あご先、鼻筋に5点置き。

04

指の腹を使ってやさしく顔全体へのばします。斜め上に向かって、毛穴に入れ込むようなイメージで。

HAND PRESS

［ハンドプレス］

手のひらで包み込み
肌の奥まで浸透させて

美容液もクリームものせて終わり、ではありません。肌になじませた後は、やさしく肌を包み込むように手のひらでハンドプレスを。その際のポイントは、頬や額などの広い面、目元や小鼻、口元などの細かい部分、首元と3段階に分けて行うこと。広い面と首は手のひらで包み込むように、凹凸の多い細かい部分は指を使ってぬかりなく。

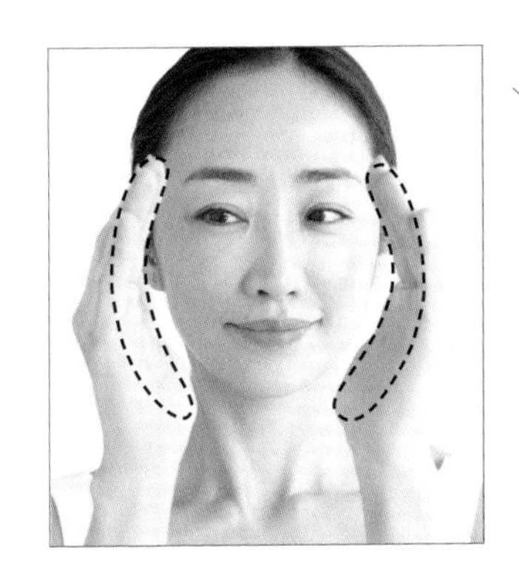

まずは全体を

手のひらを
顔のカーブに
沿わせます

まずは1段階の広い面。手のひらのぬくもりが肌の奥につたわるのを感じながら、包み込むように浸透させていくのがポイント。まずは両頬、額とあごなどの広い部分を全体的にハンドプレスしていきます。

←NEXT

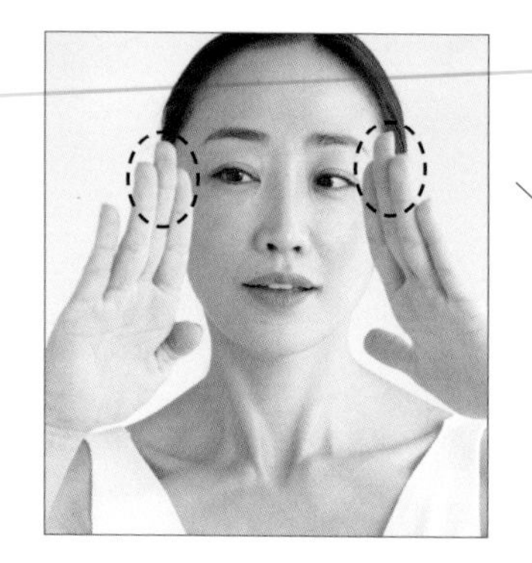

＼次に細かい部分を／

使うのは指先から
第一関節まで。
指のぬくもりをつたえる
ようにやわらかく、やさしく。

04

次に2段階の細かい部分。目まわり（ゴーグルゾーン）はやさしく触れるように。細かな凹凸まで浸透させて。

05

眉の上下は指先でスタンプを押すように軽くプレス。眉頭から眉尻に向かって。

06

下唇の中央から口角までこちらもやさしくスタンプを押すように。その際、下に引っ張るのはNG。口角を軽く引き上げるように。

07

上唇のまわりも同様に唇の中央から口角へスタンプを押すように軽くプレスする。

KANZAKI'S ADVICE
神崎アドバイス

ハンドプレスを首まで行うことで、巡りがさらに促進されて顔色がパッと明るくなります。さらに、たるんで曖昧になりやすい、顔と首の境界線もくっきり。また、首のシワやくすみにも効果的。

最後に首まわりを

使うのは
手のひら全体。
温めるように。

08

08　美容液やクリームを必要な分だけつけ足し、手のひらで温めてから、首・デコルテ全体にのせていく。

09

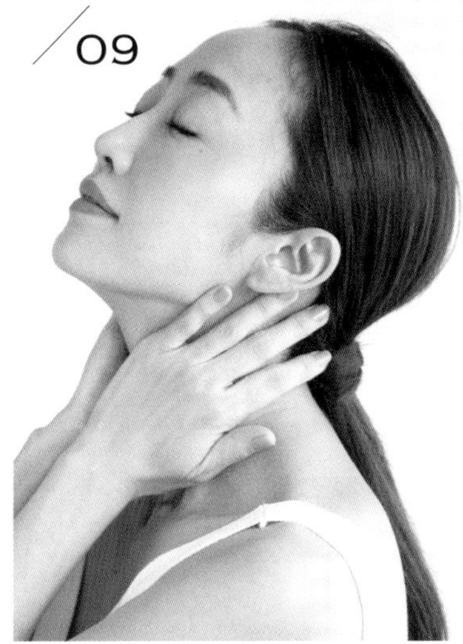

09　首全体を手のひらで包み、温めるようにハンドプレスする。デコルテまで行う。

10

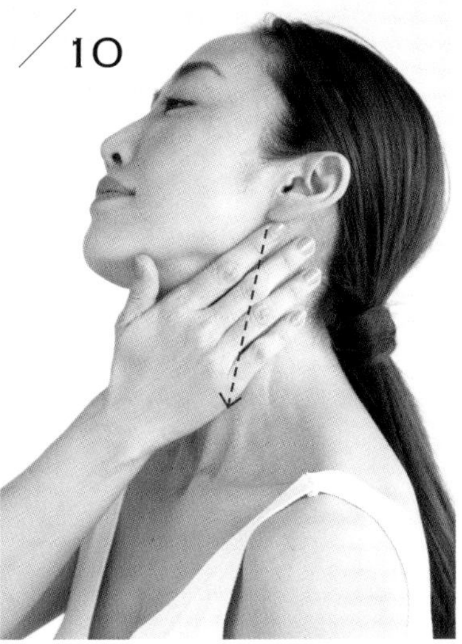

10　圧をかけながら胸鎖乳突筋（横を向くと浮き出る筋肉）を押し流す。耳下から鎖骨まで。片側5回ずつ。

11

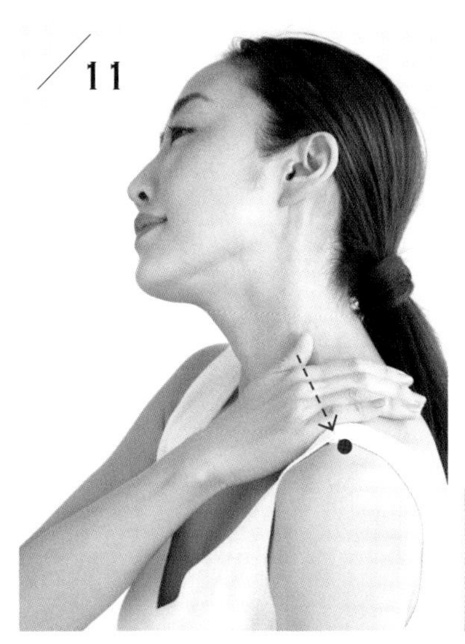

11　仕上げに首の付け根から肩先まで圧をかけながら流し、肩先の手前を5秒ギューッと押す。

PRE MASSAGE & CARE

[スキンケア前の導入マッサージ&ケア]

お手入れの効きを高めるために、顔まわりの巡りをよくしておく

疲労やストレスが溜まり、姿勢のクセなどで滞りやすい首まわり、肩甲骨、頭皮、顎関節(がくかんせつ)。これら4つのパーツは、お手入れ前にストレッチやツボ押しでしっかりほぐしておくのがおすすめ。巡りがよくなることで顔色も明るくなり、スキンケアの受け入れ準備も万端に。

NECK STRETCH
首のばし

01 左手を頭の右側、右手は右肩に添えて頭を左側に倒して10秒キープ。徐々に首と肩の距離を離していくように行うのがポイント。首筋などを痛めないように、強度は徐々に上げること。

02 逆側も同様に。2〜3回繰り返す。深い呼吸を意識すると効果がアップ。鼻で吸って、のばすときに口から深く吐き出す。

Shoulder Stretch

肩まわし

01 背筋を伸ばし、鎖骨がまっすぐになるまで両肩を引き下げる。

02 肩甲骨ごと、下からすくい上げるように、両腕をゆっくりと大きくまわす。肩甲骨が動いているのを感じながら行う。

03 01のポジションに戻る。逆まわしも同様に大きく行う。これを5回繰り返す。

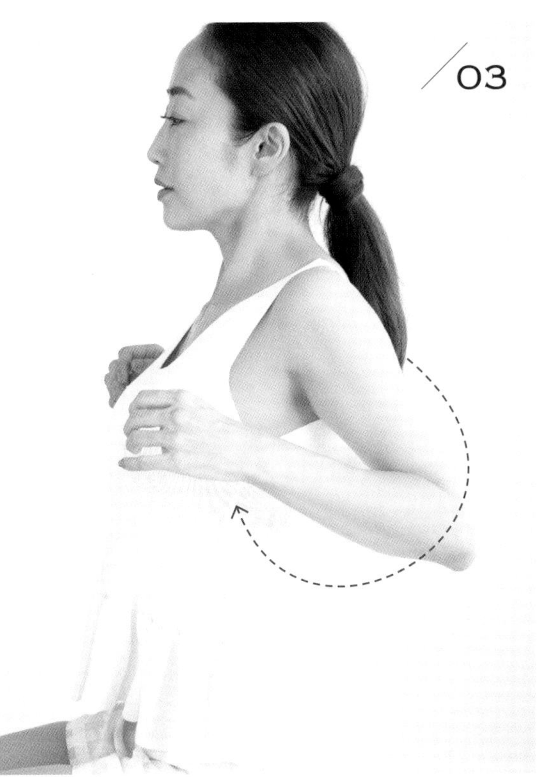

BASIC

SHORT VERSION

Head Massage

頭皮ほぐし

01 両手の第二関節で頭皮に小さな円を描くように小刻みに動かしながら圧を加える。生え際からうなじまで頭全体をくまなく。

02 首の後ろにはツボが多いので、全体をしっかりほぐす。首すじや首の後ろ、肩の付け根まで、全体的に強めに刺激して。

首全体や肩の付け根までしっかりほぐす。

JAW MASSAGE

顎関節(がくかんせつ)ほぐし

噛み合わせ（口を開ける際に動く部分）に両手の第二関節を当ててゆっくり小さな円を描く。少しずつ移動させながら、耳下まで刺激する。前まわしと後ろまわしを各20回。

KANZAKI'S ADVICE

神崎アドバイス

むくみも消えてフェイスラインもすっきり整うプレマッサージ。メイク前だけでなく、こまめに行うことで、さらに効果が上がります。お仕事の合間、テレビを見ているときなど気づいたときにほぐすことを習慣に。

SPECIAL
LONG VERSION
+
TROUBLE CARE

［スペシャルなロングバージョン ＋ トラブルケア］

ロングスキンケアは
特別ゲストを迎えて

ロングバージョンのスキンケアでは、
さまざまなアイテムを大切な特別ゲストとして迎えます。
化粧水をたっぷり入れ込めば、おどろくほどの透明感が出るし、
シートマスクをすれば、プロの手でトリートメントを
してもらったかのようなハリと艶がみなぎる。
乳液を使えば、肌色が明るく、やさしくほぐされたようにやわらかい肌が始まる。
時間や気持ちの余裕や、綺麗になりたい気持ちのテンションに合わせ、
その日にぴったりのアイテムを特別ゲストとして組み入れていく。
これがわたしの「もうひとつ」のスキンケアです。
その日そのときのこころ具合や肌具合、そしてなりたい肌に合わせて、
スキンケアとどう向き合うかで、肌の育ち具合には差が出るような気がしています。
楽しみ味わいながら育つ肌の艶の美しさ。
ここで重要なのは、どんなアイテムを選び、どんなケアをすれば、
願う肌を育てることができるのかを知ることです。

PLUS α ITEMS
［化粧水・乳液・オイル］

明確な“なりたい肌”がある日には
ショートスキンケアにアイテムをプラスします

化粧水や乳液、オイルは明確な目的がある日の特別ゲストです。肌の透明感を上げたいとき、肌にやわらかさが欲しいとき、もっちりとした艶が欲しいとき。それぞれのアイテムの特性を利用して、“なりたい肌”を実現しています。

Lotion
化粧水

コットンに化粧水をたっぷり含ませ、やさしくすべらせて、顔全体をくまなく水分でヒタヒタにしめらせる。広い面だけでなく目尻や小鼻、口角といった凹凸のある部分も念入りに。さらに手のひらで化粧水を顔全体になじませてやさしくハンドプレス。これを肌の奥がひんやりするまで何度も行います。すると、顔を動かした際には綺麗な艶が出ます。
また、化粧水の入りが悪いと感じるときには、クレイマスクやゴマージュ、角質ケアアイテムや、導入用の美容液を取り入れて。

KANZAKI'S ADVICE
神崎アドバイス

何度も化粧水を重ねて入れ込む時間がないときや、面倒なときは、P50のコットンパックでも。

Milky Lotion & Oil
乳液・オイル

肌をやわらかくほぐしたいときにはショートスキンケアの美容液の後に乳液を投入。またハリや艶を強化したいときにはオイルを。オイルは使うアイテムの特性によって、美容液として使ったり、導入として化粧水の前に使ったりしています。なじませ方はP38〜で紹介しているやり方と一緒ですが、わたしは顔のゾーンによって塗り分けをおすすめしています。頬や目尻といった乾きやすい部分にはたっぷりなじませ、崩れやすいTゾーンは控えめに。乳液やオイルをベタベタすると敬遠している人はぜひ、この塗り分けテクを試してみてください。

KANZAKI'S ADVICE
神崎アドバイス

オイルの場合、少量をクリームに混ぜて艶&ハリを強化する"ミックス塗り"もおすすめ。また、リキッドファンデーションに一滴オイルを混ぜると、湿度を感じさせる艶肌に仕上がります。

スキンケア時には"サイン"をよく見て

スキンケアをする際には、肌にそれぞれのアイテムがしっかり浸透したことを示す"サイン"があります。ひとつひとつのアイテムごとにチェックしてから次にすすみましょう。

- ☑ 触れたときにもっちり、吸いつくような感触があること

  肌の奥まで、潤いなどの美容成分がしっかり届くともっちり、吸いつくような触感に。

- ☑ 肌の色がトーンアップしていること

  肌に潤いが満ちると、肌の色は明るくなります。

- ☑ うるんとみずみずしい艶が発生

  肌へとしっかり潤いを入れ込むと、小ジワが目立たくなり、明るい艶が生まれます。

COTTON PACK + WRAP

［コットンパック ＋ ラップ］

コットンパックなら肌がトーンアップして毛穴も目立たなく！

朝のメイク前や撮影前に必ず行うのが、保湿力の優れた化粧水でのコットンパック。潤いで満たされることで、肌が目に見えてトーンアップするし、キメも整うためメイクも綺麗にのるように。さらに崩れにくくなるなど、いいことづくめ。"ながら"でできるので、化粧水を重ねづけするのが面倒なときにもおすすめです。

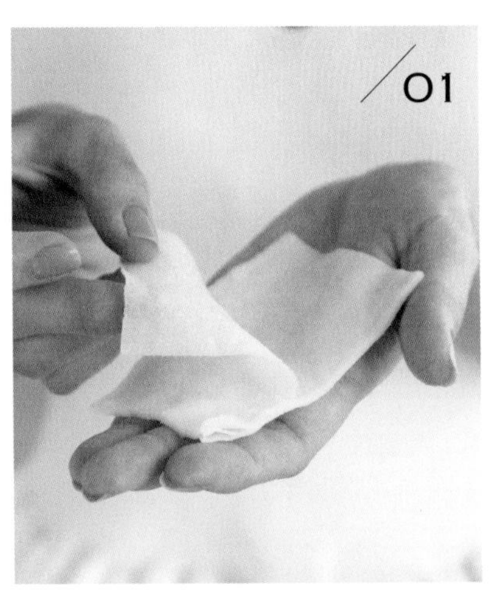

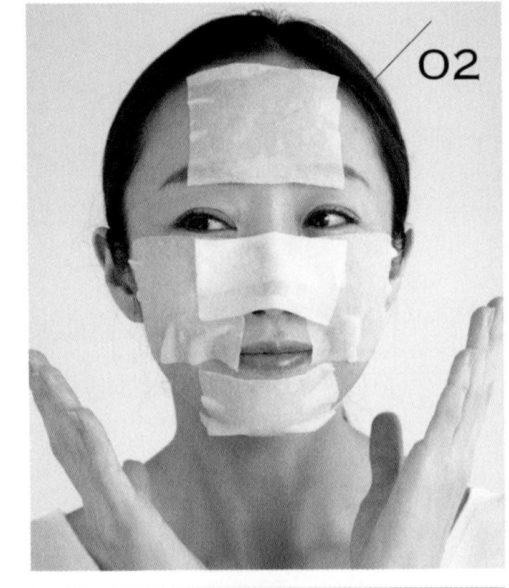

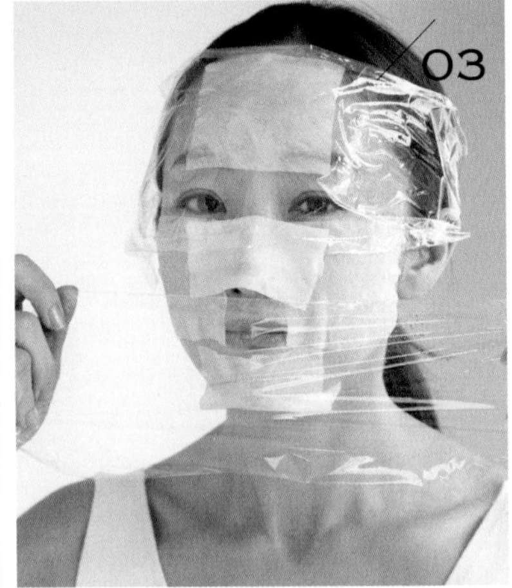

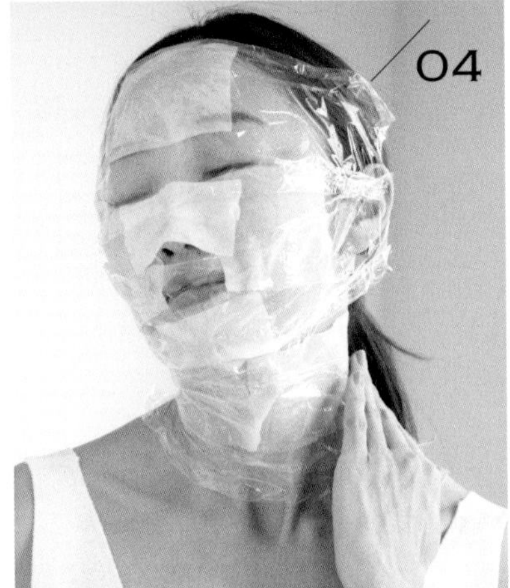

KANZAKI'S ADVICE
神崎アドバイス

コットンに乾いた部分がなくなるまでヒタヒタに化粧水を含ませること。また、面倒ならば全顔ではなく頬や額など毛穴の目立つところだけでもOK。わたしは動画撮影のときには、コットンパックの後にP51のシートマスクの工程をダブルで行います。

01
毛羽立ちにくく裂きやすいコットンに化粧水をたっぷり含ませて、必要枚数に裂く。

02
薄く裂いたコットンを、額、両頬、鼻、あごへとのせていく。

03
コットンの上をラップで覆う。息が苦しくないように、鼻部分は開けておくこと。

04
そのまま10〜15分放置。ラップで覆うことで保湿力がアップ。また、首全体へ足してもOK。

SEAT MASK + STEAMER

［シートマスク ＋ スチーマー］

簡単でしかも確実! 肌状態をググッと底上げしてハリ、艶、透明肌に

シートマスクとスチーマーの組み合わせはドラマティックに肌を上向かせてくれる最強コンビ。肌にのせたら温かいスチームと冷たいミストを交互に浴びるだけ。疲れている日でも難なくできるくらい簡単なのに、効果実感がとても高い。ハリや艶の強化、透明感アップ、強力保湿など、シートマスクはその日に欲しい効果で選びます。シートマスクを使う気力はないけれど、肌をしっかりケアしたい。そんな日は寝ている間もつけていられるような洗い流し不要の塗るタイプのマスクなどに頼ることも。寝ている間中、美容成分を肌に届け続けてくれる頼もしい存在です。

KANZAKI'S ADVICE

神崎アドバイス

シートマスクを顔に使った後は、もったいないので首元のケアに再利用。首にのせたらラップを巻いて固定しておけば美容成分の浸透が高まるし、ずり落ちたりもしないので"ながら"美容にも最適です。

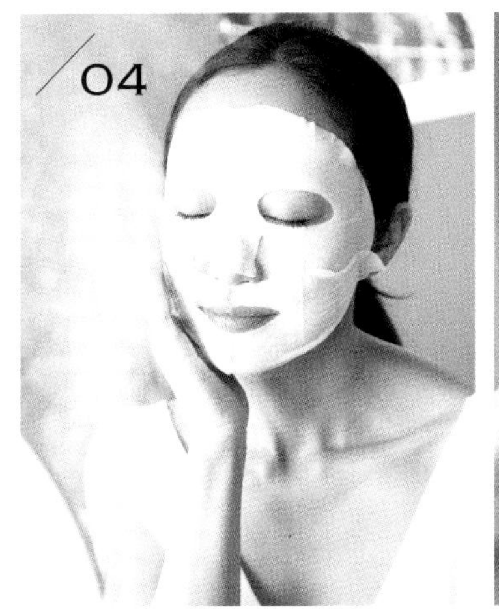

01

袋を平らに置き、液をなじませてから袋から出し、上部の両端を持ってピンとのばす。

02

鏡を見ながら、マスクをオン。マスクの穴から鏡に映った自分と目が合うようにのせるのがコツ。

03

指の腹でマスクのシワをのばして密着させる。フェイスラインは耳横までキュッと引き上げながら。

04

温かいスチームと冷たいミストを交互に10〜15分。肌に潤いがたっぷり入り込み毛穴も引き締まる!

TROUBLE CARE

［トラブルケア］

早め、早めのケアで未来の綺麗を手に入れる

エイジングサインの出やすい目元や口元をいかにケアするかで明日、そして5年後、10年後の綺麗に差が出ます。また、最近のパーツケア用アイテムやマッサージクリームの進化には目覚ましいものがあり、単に保湿や摩擦予防ができるだけでなく、使うことで理想の肌質を維持できるものもたくさん！　また、ときにはスペシャルな美容器具をプラスすることも。

1 エイジング対策

目元や口元、頭皮のケアは、エイジング対策の要。それらのパーツに最適なケアを行うことが大切です。血行促進、保湿、ハリをサポートなど、使うコスメが適材適所であるかも今一度、チェックしてみましょう。

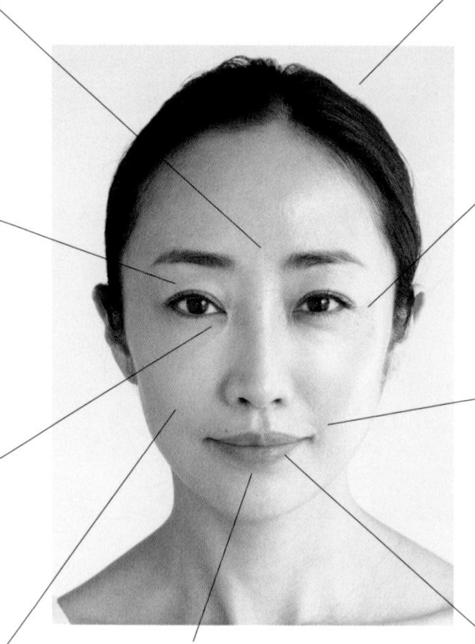

☑ 眉間

実はシワが発生しやすい部分。リンクルケア成分配合のクリームでケアを。視力が悪いと眉間にシワを寄せがちなので、視力検査も定期的に行って。

☑ 目まわりのたるみ

眼輪筋（目まわりの筋肉）に作用するものや、ハリを出すアイクリームをたっぷりと。皮膚が薄くデリケートなので、クリームを塗る際には、やさしく刺激レスに！

☑ クマ

目まわりのツボ押しやホットタオルで温める血行促進と、目元用の美容液やクリームで弾力アップするダブルケアを。色素沈着しやすいなら美白も。

☑ シミ

まずは日焼け止めをかならず塗り（P58）、シミの予防対策を。できてしまったシミにはサプリメントや美白アイテムでケア。

☑ 口まわり

実はしぼみやすい部分なので、目まわりと同様のケアを。美容液などの特化したアイテムで、ハリ感を復活。

☑ 頭皮

疲れていたり、ストレスを感じることで硬くなる頭皮はまずマッサージなどでほぐしを。さらにスカルプアイテムで毛穴の詰まりも予防して。

☑ 目まわりのシワ

リンクルケア成分配合のクリームで徹底的なケアを。指で皮膚が動かないようにやさしく押さえて、小ジワの中までしっかりクリームを塗り込んで。

☑ ほうれい線

口の中からほぐしを。歯ブラシの柄で、内側から前に押し出すように。指の場合は内側からと外側からはさみほぐす。

☑ 唇

大人の唇は保湿だけでは不十分。ハリなどの美容成分を配合したリップケアアイテムで1日10回はケア。夜は輪郭からはみ出すくらいたっぷりと。

2 顔のむくみに

顔のむくみには、2〜3分でできる簡単なマッサージをプラス。その他、生活スタイルの中でできるちょっとしたケアを。

マッサージ

クリームなどを顔全体になじませる。

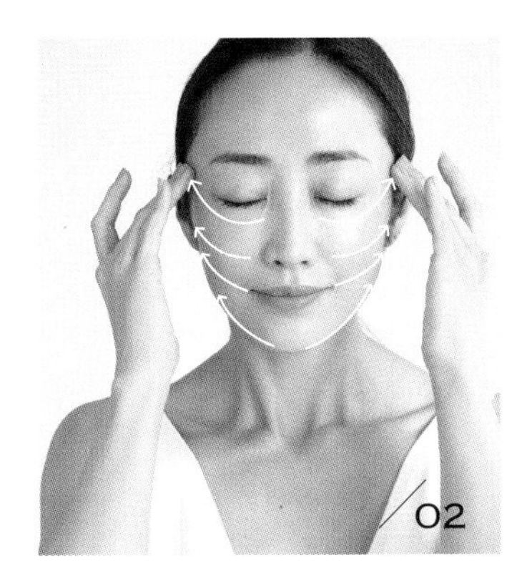

あご先、頬の内側から耳の前まで引き上げるように指をすべらせる。

眉上から生え際に向けて指の腹で軽く押し流す。全体的に額を引き上げたら最後に生え際に沿って耳の前まですべらせる。

耳の前から耳の後ろのくぼんでいるところまで指をすべらせ、ギュッと押す。

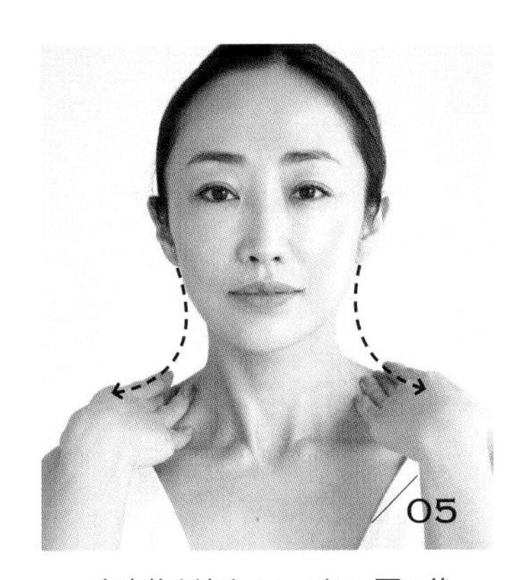

老廃物を流すイメージで、耳の後ろから肩先まで押したまま指をすべらせる。

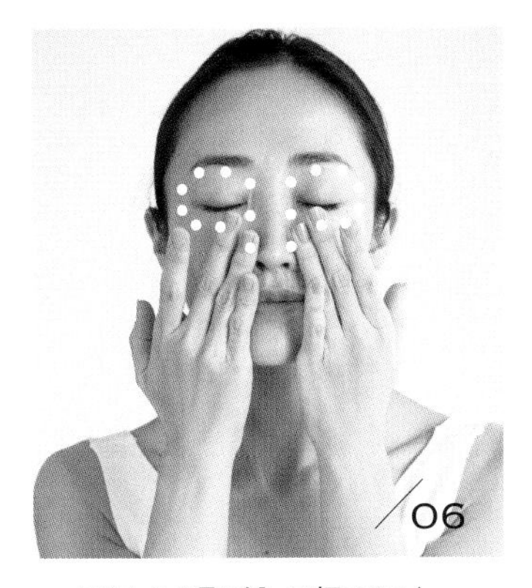

目まわりの骨に沿って押していく。鼻すじも眉頭から目頭、小鼻の上まで同様に。

お風呂で汗をかく

より効果を上げたいなら、発汗作用に優れたバスソルトを湯船に入れる。汗をたっぷりかいて血流をアップ。

少し運動する

“少し”の目安は、軽く汗ばむ程度です。10〜15分の早足のウォーキングやストレッチで巡りをよくして。

早起きする

朝の顔のむくみは、起きてから2〜3時間で落ち着くもの。大事な用事がある日は逆算して早起きしましょう。

TROUBLE CARE

3 毛穴が目立つときに

毛穴と一口にいっても、開いている、角栓が詰まっている、たるんでいるなどそれぞれ。すべての毛穴の悩みがひとつのケアで解決することはなかなかないので、いくつかの方法を組み合わせてケアしましょう。

酵素洗顔

毛穴に汚れが詰まっているひとにおすすめ。
小鼻など気になる部分だけに。

毛穴用ローション&美容液

角質ケアができるものや、ビタミンCを高配合したものなど引きしめ効果の高いものを。コットンに浸してローションマスクも効果的です。

ハリ美容液で毛穴レス肌に

指で引き上げると消える“たるみ毛穴”にはハリを育てる美容液を。肌の弾力が高まり毛穴が小さくなり、艶も生まれてさらに目立たなく。

4 ニキビ肌に

ニキビも段階によってケアが異なります。「できそう」と感じたときから、ケアを開始しましょう。でき始めなら、ニキビ用薬を綿棒で塗布して。自分でつぶすのは絶対にNG。わたしは悪化する前にクリニックに行くようにしています。

必要なサプリメントを摂る

肌の健康維持に関係の深いビタミンAを摂取。
一緒にビタミンCやB群を摂るのもおすすめ!

ノンコメドジェニックコスメに切り替える

生理前など、できるタイミングがある程度わかるなら、そのときだけスキンケアをノンコメドに。

ニキビ用アイテムの常備

できる直前、でき始め、できた後。そのタイミングに合った適切なアイテムを常備して。

KANZAKI'S ADVICE
神崎アドバイス

どんなに気をつけていてもトラブルは起こるもの。大事なのは、このトラブルにはコレ!というレスキュー法を知り、日頃から備えておくこと。

花粉症の季節には

花粉症などで何度も鼻をかむことでヒリヒリ、赤ムケになるので、バームなどで万全の対策を。

バームでヒリヒリ予防

01　鼻をかむ前に低刺激なバームを厚めに塗ってクッションに。カサカサや赤みが予防できます。

02　ティッシュもやわらかめを選ぶのがポイントです。

03　鼻をかんだ後は再びバームを重ね塗りして保湿を。

低刺激スキンケアにチェンジ

肌がゆらいでいるときは、スキンケアアイテムを敏感肌用に変えます。しっかり保湿し、刺激から肌を守りましょう。

神崎流　下地論

スキンケアが肌を育てる工程だとすれば、下地は即席で理想の素肌を作り上げる工程です。
毎日、メイクをする前に自分の肌を見て触れて、もっとこうだったら、こんな肌になりたい、
そんな思いを下地で肌に纏（まと）い、理想の素肌を完成させます。
こうすることで、いつだって完璧な肌にファンデーションが塗れ、
メイクの仕上がりを感動するほど美しくすることができる。

そしてもうひとつ、下地には大きな力があります。
それは自信をくれること。
下地作りに成功した肌の魅力は、素肌以上の綺麗さ、
そしてメイクをしている感のない素肌っぽさ。
その両方を手に入れることができるのです。
この「メイクする前なのに綺麗な肌」が「わたしの肌、綺麗かも」という嬉しい錯覚をくれる。
美しい素肌が、こころを潤わせ、メイクの美しさまで引き上げてくれる。
これが毎日、実によくこころに効いてくれるのです。

この完璧な素肌を作る下地の塗り方や選び方には、やはりコツがあります。
先に少しお話をしたように、素肌に足りない、
もしくは、「あったらいいな」の要素を下地で補っていくこと。
例えば、肌に潤みが欲しいなら潤いを足してくれる下地を。
くすみをはらいのけ、透明感を足したいなら、透明感を纏える下地を足す。
毛穴の存在感を薄めたいなら、毛穴を埋めなめらかな肌になる下地を仕込むことです。
下地はひとつと限らず、欲しい要素の分だけ使ってもいい。
それを重ねたり、部分的に塗り分けたりすることで、
誰でもいつでも完璧な素肌を作ることができます。

この下地のパートでは、あえて下地を素肌作りの「ケア」とし、
わたしが目指す「なめらかな艶肌」を作る塗り方をお話ししています。
基本は、日焼け止めを塗ってから、下地は2種類。
潤いを足す下地と透明感を足すカラー下地が、
なりたい素肌のベース作りのコツ。
下地を選ぶポイントや、肌へ密着させるコツなどをプロセスをおって説明します。
この下地さえ塗りこなすことができれば、肌コンディションに関係なく、
毎日納得の美しい肌を楽しむことができるはずです。

SUNSCREEN
+
BASE CREAM

［日焼け止め ＋ 下地］

How to
日焼け止めの塗り方

スキンケアの際は、浸透させるために両手でなじませてから塗りますが、日焼け止め＋下地はつけることが目的なので片方の手の指でのせていきます。

01 規定量より少し多めに。たっぷり使って塗り残しのないように。

02 もう片方の手の指でとり、両頬、鼻先、額、あごの5点にのせていく。

03 指の腹を使ってやさしくなでるように、内側から外側へと全体的にのばし広げる。目まわり、口まわりは指の腹でやさしくなじませる。

04 均一な薄膜にするため、やさしくプレスしながら肌にくっつけるように密着させていく。

KANZAKI'S ADVICE
神崎アドバイス

例えばSPF30 PA++の日焼け止めの上にSPF15・PA+のメイク下地を重ねたとしても、効果は合算されません。きっちり肌を守りたいなら、均一に塗る、塗り直すを徹底することが必要です。

朝のスキンケアは日焼け止め+下地で肌を整えるところまで！

春夏秋冬、季節を問わず紫外線は降り注いでいます。たとえ家の中でも、曇りだろうと雨だろうと紫外線ケアは必須。かならずスキンケアの後に、日焼け止めを塗りましょう。一般的に、必要な日焼け止めの強さは、洗濯物を干す、近所に買い物に行く程度ならSPF10〜20・PA++前後、散歩や軽いランニングならSPF30以上・PA+++、炎天下のお出かけや海水浴、長時間のスポーツはSPF50以上・PA++++（できるだけウォータープルーフが望ましい）が目安。ですが、最近の日焼け止めはとても優秀。SPF50前後でも使用感がよく、美容成分がしっかり配合されていて、紫外線から肌を守りながらもスキンケア効果の高いものが多くあります。なのでわたしは数値の高いもので肌へのケア効果の高いものを日常から使うことにしています。紫外線からの頼もしい防御力、そしてスキンケア効果、それに加えて日焼け止めなのに肌が綺麗に見えるもの、この3つにこだわり厳選しています。
また、わたしにとって朝のスキンケアは下地を塗るところまで。素肌が潤み透明感を纏う。それを見ることでとてもいい気持ちで1日をスタートすることができる。日焼け止めに下地やファンデを重ねると紫外線からより肌を守ることもできるので、外出しない日でも下地までは塗るというのがわたしの朝の基本です。

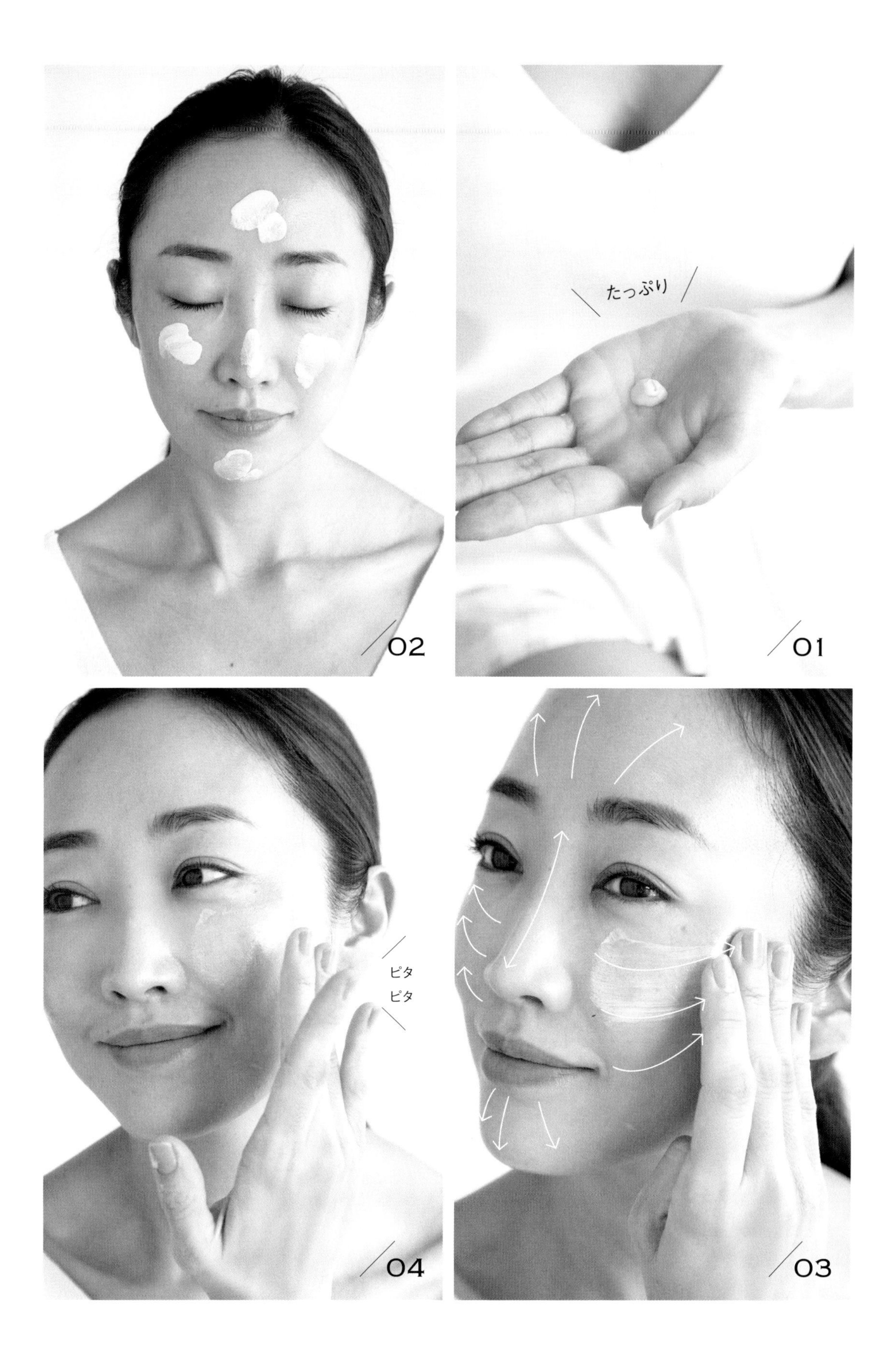
02
たっぷり
01
ピタ
ピタ
04
03

SUNSCREEN

シミになりそうなところは重ね塗り

頬の高いところは紫外線をより浴びやすいこともあり、シミの多発ゾーン。日焼け止めを全体にのばした後、薄〜く重ね塗りして徹底ガードを！ 今、シミがあるところも念入りに。

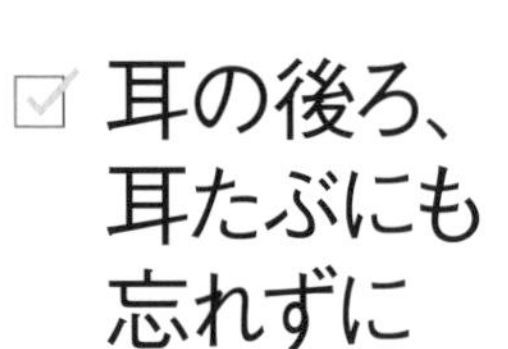

耳の後ろ、耳たぶにも忘れずに

意外と忘れがちなのが耳。まとめ髪やショートのひとは焼けやすいので特に注意が必要です。耳の後ろも忘れずに。

首まわりにはティッシュを使って

洋服につくのが気になるときには襟ぐりにティッシュを挟んでから塗れば日焼け止めがつく心配ナシ！

□ 背中はスプレーで

手の届きにくい背中はスプレーを活用して。逆さにしてもしっかりスプレーできるタイプを選びましょう。

KANZAKI'S ADVICE
神崎アドバイス

背中はシミが出やすいパーツのため紫外線対策はきっちりと。またスプレータイプの日焼け止めは、日中の塗り直しも手を汚さずできて便利。

日中、日焼け止めを塗り直すときのテク

日焼け止めの効果を1日中キープするためには日中の塗り直しが必要です。乳液で一度オフしてから塗り直すことで、ファンデがムラにならずに綺麗な肌を維持することもできます。

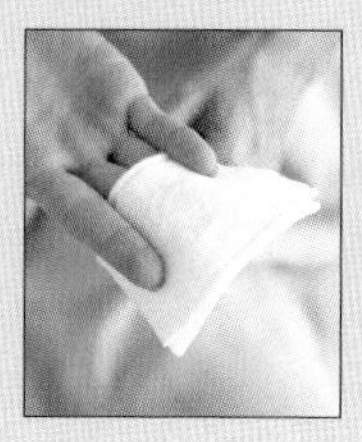

O1
上から重ねるだけではムラになるので、まず乳液をコットンに含ませて直す部分をやさしくオフ。

O2
ケアを強化したいときには美白、保湿などの美容液や乳液を薄くのせてから日焼け止めをオン。その後に下地、ファンデを。

MOISTURE BASE CREAM 下地 1

［潤い下地］

BASE CREAM

下地は2種類を重ね塗りして潤いと明るさを補填します

下地で目指すべきは、ハリと透明感に満ちた肌。そのために下地は潤いとカラーの2種類を使います。まず潤い下地を薄〜く肌に纏わせることで、ハリと艶を底上げ。ハイライトでは出せない肌の内側から光を放つような明るさを、潤い下地で仕込みます。

潤い下地のチェックリスト

- 毛穴が目立たなくなること
- 小ジワが目立たなくなること
- 肌の色がトーンアップできること

01
写真くらいの量を手のひらにとる。

02
もう片方の手の指でとり、両頬、鼻筋、額、あご先にやさしくスタンプを押すようにのせる。顔の内側から外側へ広げる。

03

目頭や目尻、小鼻、口角などの細かい部分へやさしくのばす。

04

目まわりなどは指の腹でやさしく触れて密着させる。フェイスラインは首に向かってなじませて。

05

顔と首の質感を統一することで、肌印象がさらに上がる。手のひらに残った分は首にのばす。フェイスラインや生え際に下地が残っていないかチェックする。

COLOR BASE CREAM 下地 2

［カラー下地］

BASE CREAM

カラー下地を賢く使えば なりたい雰囲気の肌になれる!

オレンジやピンク、ブルー、グリーン、ラベンダーなどのカラー下地を賢く使いこなせば、なりたい肌に近づくことができます。どのカラーを選ぶかはなりたい肌に合わせて決めればOK。ただし、あくまで目指すのは素肌が綺麗と思わせる仕上がり。塗りすぎて人工的にならないように注意して。

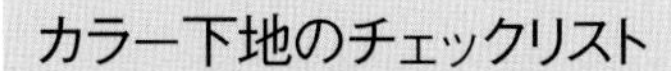

カラー下地のチェックリスト

- イキイキとした肌になりたいならオレンジ
- 透明感を底上げするならブルーまたはグリーン
- やわらかさや幸福感を出したいならピンク
- 透明感とやわらかさの両方ならラベンダー

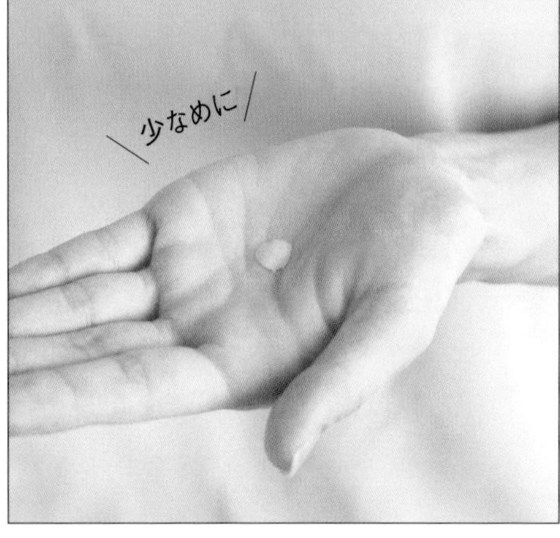

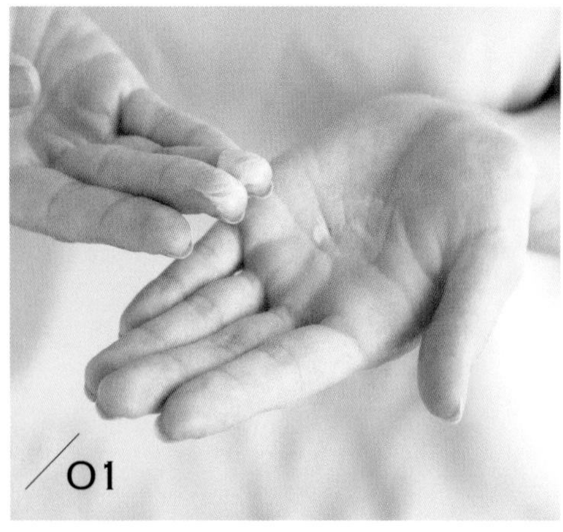

KANZAKI'S ADVICE
神崎アドバイス

カラー下地を塗った際にシワっぽくなったり、毛穴が目立ってしまう場合、上からなにかを重ねることでリカバーするのは難しいもの。いさぎよく、その部分だけ乳液でオフして、クリームやバームでたっぷり保湿してからやり直しましょう。

01

カラー下地は潤い下地より塗る範囲が狭く、薄膜に仕上げたいので、量もやや少なめで。

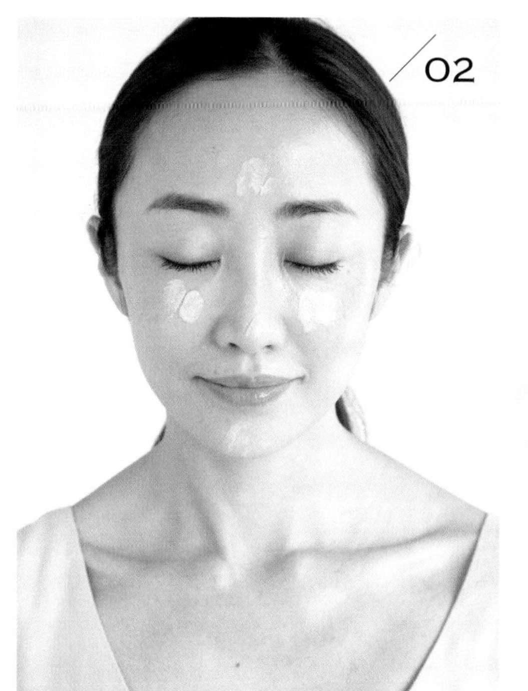

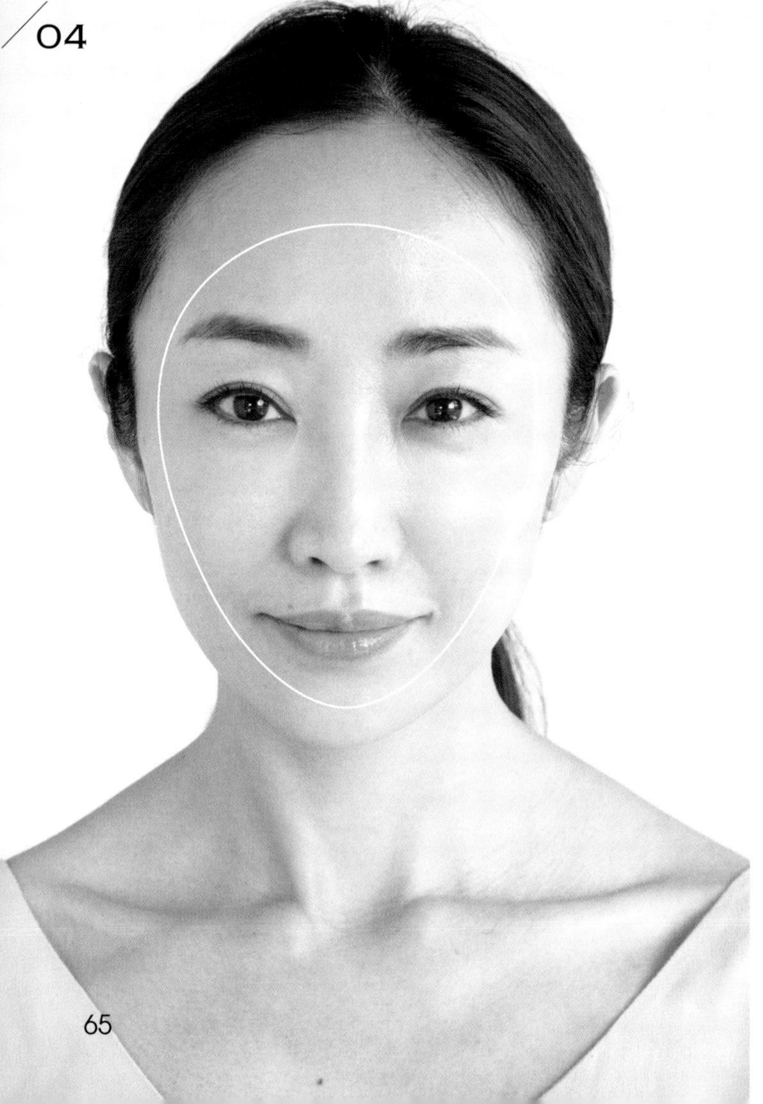

02

トーンを均一に整えるため、手のひらに出した下地を、もう片方の手の指でとり、両頬、額、鼻筋、あごの5点にのせる。

03

指の腹をすべらせるようにして、下地を顔の内側から外側へとのばしていく。

04

立体感を出すためカラー下地は写真の指示線の内側のみ。卵型に塗ることで顔の形を美しく見せることができます。境い目ができないようになじませましょう。

PART 2

BODY CARE

ボディケア

神崎流ボディケア論

からだは外から肌の質感を整えるボディケアと
内から形を変えるボディメイクとを組み合わせることで育ちます。
このボディケアの章では、肌の質感や肌印象を変え、からだの形を整えるケアについてお話しします。
「ボディ」というと、「数字を減らすこと」を一番に思い浮かべる方が多いかもしれません。
例えば、わかりやすく体重を減らし、ウエストや脚を細くする。
もちろんそれは間違いではないかもしれません。
けれどそれ以外にもからだの見え方や印象を変える重要なものがあります。
それが、からだの質感や印象。
肌にハリがある、ない、では、全身の印象や見た目体重まで変わります。
ハリがあるからだは、すっと若々しい印象に。
ハリがなくもたついたからだは、疲れて老けた印象や、実際より太って見えてしまうこともあります。
同じからだの形をしていたとしても、肌の印象で、明らかに美しさに差が出るのです。
これは年々、年齢を加えるごとにさらに実感していくことでもあります。
体重は変わっていないのに、服のサイズは変わっていないのに、なんだか違う、
なんだかおばさんぽく見える、なんだか老けた気がする。なんだか……なんだか……。

この「なんだか」は、肌の質感やからだの形に大きく関わっています。
顔と比べて、ケアが後まわしになりがちなボディケア。
だからこそ、ふと気がついたときにはその「なんだか」が積み重なり、
からだに定着してしまっていることが多いのです。
でも、面白く楽しいのは、
後まわしにしていたからこそ、手をかければ、感動するほど見違えるということです。
顔と同じようにオイルやクリームでからだの肌ケアをすることで、
ザラついた肌はなめらかに。
肌表面のもたつきや色むら、くすみがなくなった肌でくるまれたからだは、
なにを着ていなくても美しいものです。
そしてからだの形。
日々の疲れやからだの使い方で、からだというものは形を変えていきます。
座りっぱなしの仕事なら、お尻は垂れ下がるし、
スマホを見続けると肩が前に巻き込み猫背になる。
毎日道具のように使い続けた腕をそのまま放置しておけば、二の腕はたぷたぷと振袖のようになる。
当たりまえに変化し続けていくからだ。
この変化をなるべく防ぎ、いつまでも美しいからだでいるためには、
マッサージ、そして正しい姿勢や意識の向け方が重要になります。
この章では、からだの肌を育てるスキンケア、
そしてからだの形を美しく変えるポイントをご紹介します。

BATH TIME

［バスタイムのケア］

心地よさに
とことんこだわる時間を

まずはバスタイム。1日の疲れを全身から出しきり、真っさらな自分になる時間。
そして、質のいい睡眠に入るための重要な準備でもあります。
毎日のバスタイムで大切にしているのは、なにより気持ちよさ。
肌を包む湯はまろやかであること、心地いい香りであることにこだわり、
いらないものを放出し、巡らせる効果を高めることも意識し、入浴剤などを選びます。
湯船に入る前には、シャワーで首、鎖骨、脇、
肘の内側、腰、お腹、そけい部、お尻と脚の境い目、膝裏、足首と
シャワーを20秒ずつ当て温めることで、よりからだを温め巡らせることができます。
灯（あかり）もやわらかいものを。蛍光灯ではなく、
LEDのキャンドルやバス用のライトを置き、こころ穏やかに浸かることにしています。
なにもせずに目をつぶり、ただ湯の肌ざわりを感じることもあれば、
本を読んだり、ドラマを見たり、その日の気分や体調に合わせ、
一番「気持ちいい」過ごし方をすることにしています。
わたしのバスタイムとは、心地よさにとことんこだわる時間。

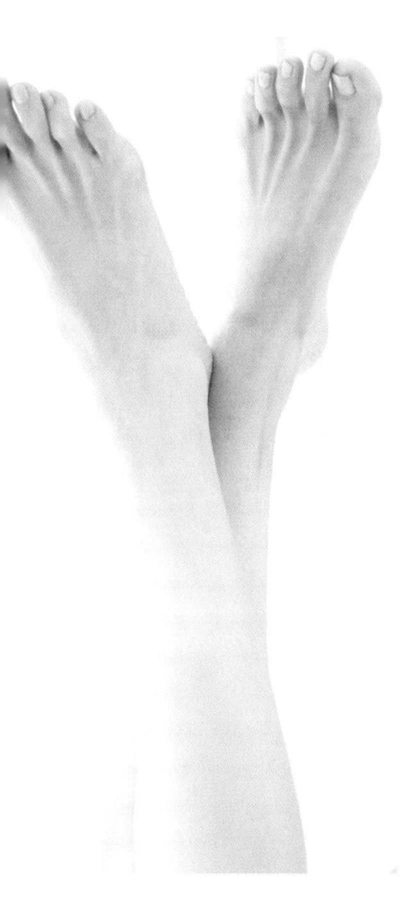

OUT BATH

［お風呂上がりのケア］

特別な時間を楽しみながら工夫する

お風呂上がりは、理想の肌やからだを育てるための効率のいい時間です。
全身からいらないものが抜け、からだは巡り綺麗になるための準備は万端。
この特別な時間を、楽しみながら工夫することです。
からだや顔の水滴は、ふかふかのタオルでそっと吸いとるようにすること。
ごしごしではなく、そっと触れるように水気を吸いとる。
お風呂上がりのケアは2種類あって、
簡単に済ませたいときは、オイルやクリームを塗るだけ。
しっかり整えたいときは、目的別に、効果実感の高いアイテムを選び、
パーツごとに丁寧にケアしていきます。
手ではからだの感触をしっかりと確かめながら。
目では直接、そして鏡と両方でからだや肌の状態を確かめながら。
「見る」「触れる」ことはとても大事。
わたしのアウトバスは、自分と向き合う時間でもあります。

PARTS MASSAGE

［パーツマッサージ］

大切なひとを思うように
自分のからだを労わる

エイジングと共に、姿勢や歩き方、ライフスタイルなど、長年の蓄積によって手強くなっているのが大人のからだの特徴です。一口にからだといっても首、腕、脚などパーツごとにマッサージのアプローチ方法は違うもの。流す、ほぐす、掘り起こす。そこをしっかり理解したうえでさまざまな手法を組み立てることが大切。そして、毎日頑張ってくれている自分のからだを労わることも大切です。温めてあげたり、マッサージしてあげたり、大切なひとを思うように、自分のからだに、こころと時間をかけましょう。

ボディケアの
商品情報は
P.179～
「神崎カタログ」へ

FACE LINE & NECK

[フェイスライン & 首]

滞りをしっかり流して
すっきりシルエットに

首は全体のシルエットを整えるうえで、とても重要なパーツ。首まわりの詰まりが解消されると、それだけで首が細く長く見え、シャープな印象に。あごや首まわりを流すことで、フェイスラインもすっきり。首と顔の境目もはっきりさせて小顔に見せることができます。

ここで使うのは、
親指の腹(a)とサイドの部分(b)。
ピンポイントにしないことで摩擦も軽減できます。

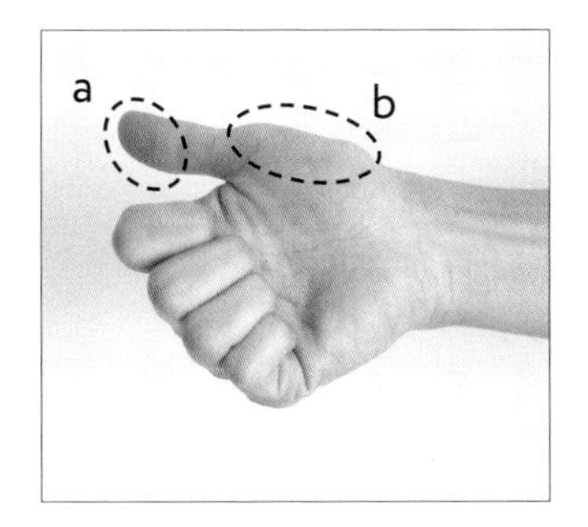

KANZAKI'S ADVICE
神崎アドバイス

首はデリケートな部分なので、クリームやオイルで摩擦予防をしっかり！　また滞りやすいので、朝のメイク前や日中、テレビを見ながらなど、気づいたときにこまめにやるのがおすすめ。マッサージは“痛気持ちいい”を目安に行って。

01

首全体にクリームなどを塗る。あご下にaの部分をセット。耳裏を目指して押しながらゆっくりと移動させる。

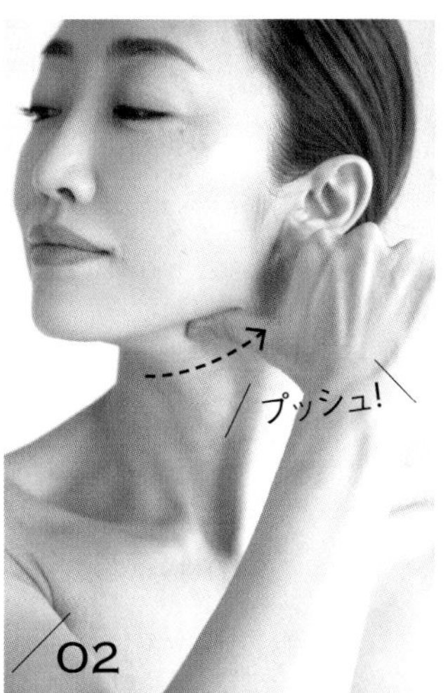

02

フェイスラインをはっきり出すイメージでやや強めに。耳たぶの後ろを1回プッシュ!

03

bを耳の骨の下にセット。圧をかけながら、ゆっくりと押し下げる。顔はほぐす側と反対方向に向ける。

04

肩先に向かって圧をゆるめずにスライドさせる。肩先まで到達したら、ギュっと1回プッシュ。

DÉCOLLETÉ & BUST
[デコルテ & バスト]

ふっくらと ハリのあるバストに

バストで大事なのはサイズではなく、位置と肌感。ボリュームに関係なく、デコルテの詰まりや、重力によってバスト全体が下垂し、デコルテ部分がゲソッと骨っぽくなります。デコルテの詰まりをほぐして、ふっくらとしたハリをよみがえらせましょう。

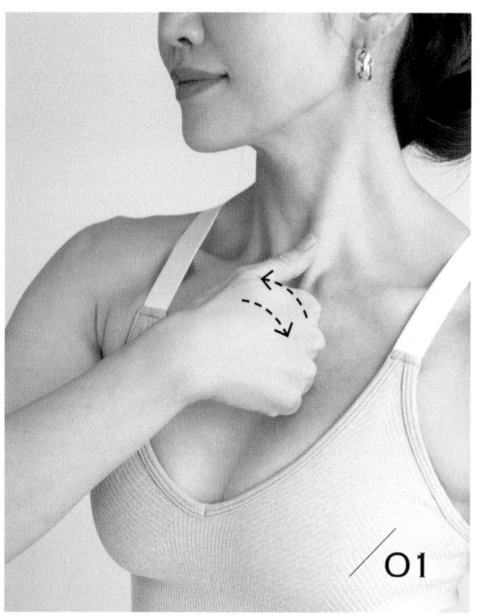

01

デコルテ全体にクリームなどを塗る。手を握り、第二関節を鎖骨下に強く当てデコルテの詰まりをほぐすイメージで手首をひねる。デコルテ全体に行う。

02

第一関節と第二関節の間を鎖骨下に当てて小さな円を描く。少しずつ移動させながらデコルテ全体をまんべんなく。

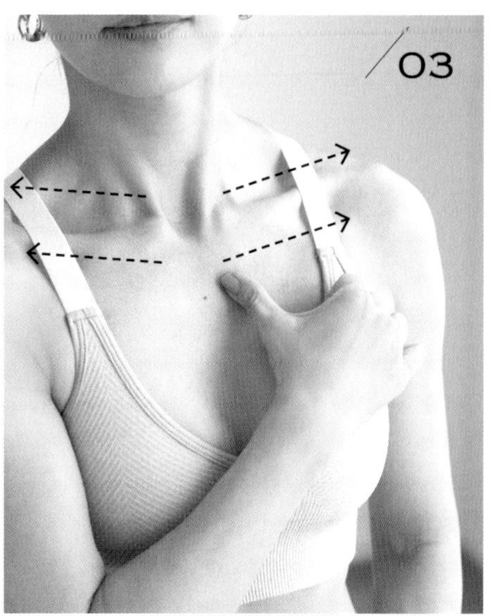

03 04

親指の腹で鎖骨の下を内側→外側に向かって流し、終点はギュッと圧を加える。鎖骨の上も同様に行う。詰まりやすい部分なのでしっかり流れるように、赤くならない程度に強めに行う。

05

やさしく引き上げるように、デコルテ全体を下から上になで上げる。デリケートな部分なので、刺激にならないように、やさしく行って。

←NEXT

PARTS CARE

BUST

06

バスト全体にクリームなどを塗る。脇のすぐ下あたりを拳で小刻みに小さな円を描くようにほぐしていく。

07

アンダーバストも実は、詰まりがちな部分。06と同じように拳で円を描きながら、しっかりほぐす。

08

中指と薬指を脇のくぼみ部分にグイッと入れ込み、指先で円を描くようにほぐす。

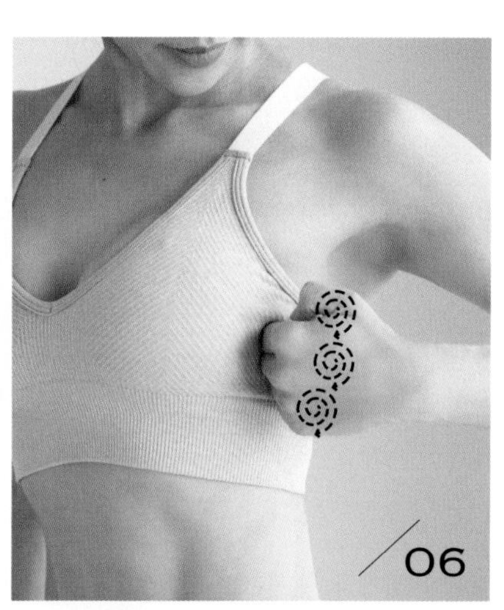

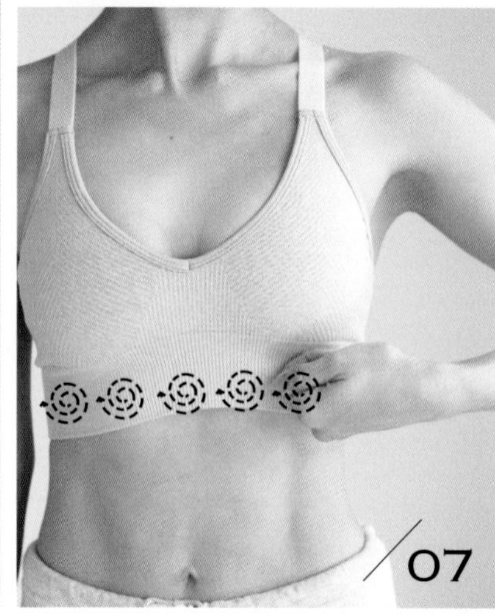

09

ほぐした部分のお肉を集めるように、手のひらでからだのサイドからバストトップに向かって流す。

10

アンダーバストからデコルテ方向に、手のひらでさすり上げる。バスト全体をまんべんなく行って。

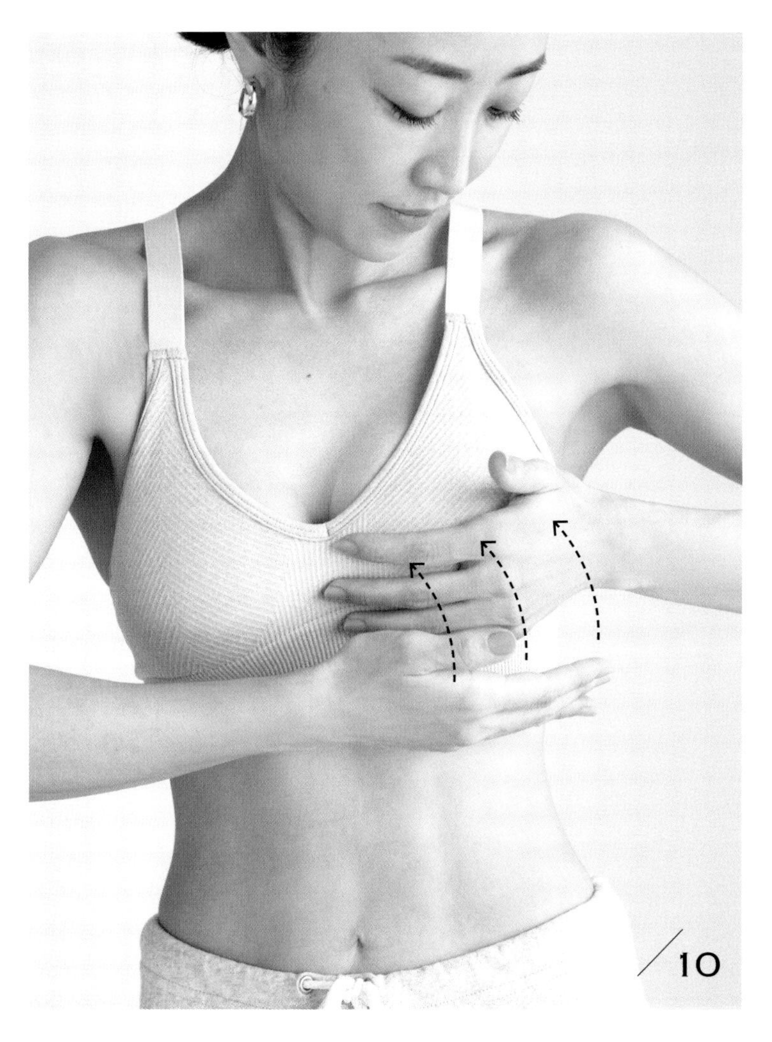

KANZAKI'S ADVICE
神崎アドバイス

避けたいのはバストが下垂すること。マッサージでバストアップを目指すだけでなく、睡眠中はナイトブラをつける、日中はかならずサイズの合ったブラジャーをつけるといったことが大切。

PARTS CARE

WAIST

WAIST
[ウエスト]

すっきり見せつつ やわらかな質感も大事

くびれがなかったり、ぽっこり下腹が出てしまったり。なにかとお悩みの多いウエストですが、ただ細くするだけでは綺麗に見えません。すっきりとしたシルエットに整えつつ、曲線や肌のやわらかさも大事なので、ほぐしと保湿、どちらも手を抜かずに。

01

ウエスト全体にクリームなどを塗る。お腹を下から上に向かってさすり上げる。

02

お腹のお肉を両手の指先で強くつかむ。そのまま雑巾をしぼるように両手でねじり上げる。

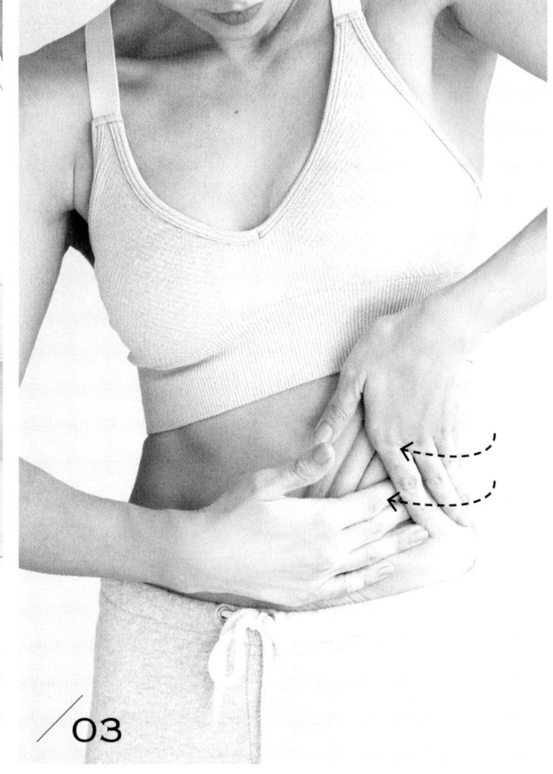

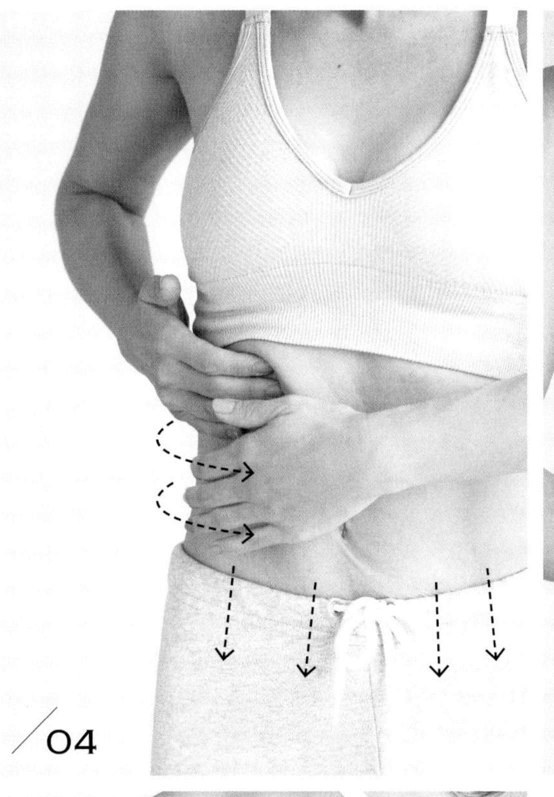

03

背中側からおへそに向かって、余分なお肉を移動させるように、手のひらをスライドする。

04

反対側も同様に行う。真ん中から下に向けてギュッと圧を加えながら流す。

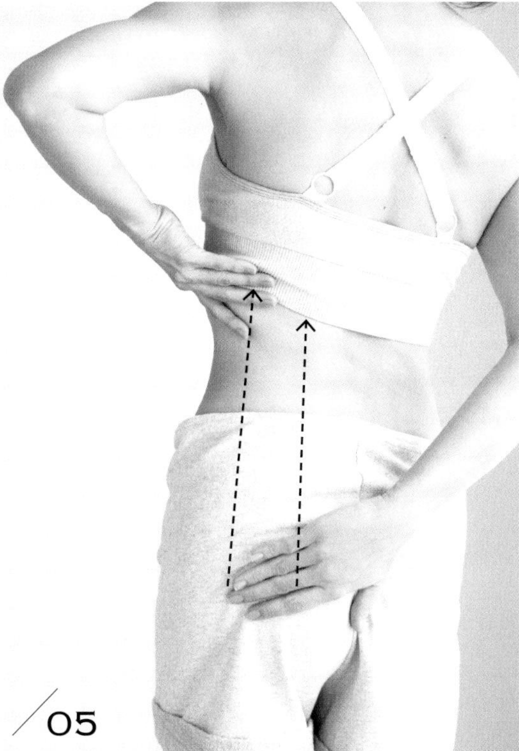

05

ウエストの後ろ、腰まわりのお肉を上に引き上げるイメージでさすり上げる。

KANZAKI'S ADVICE
神崎アドバイス

このほぐして、流すマッサージは、セルライト対策にも有効です。より効果を実感したいときは、引きしめを目的としたクリームなどの、目的に合ったケアアイテムを使いましょう。

UPPER ARMS
［二の腕］

滞って太くなった二の腕をほっそり

腕は知らず知らずのうちに、凝りを溜めやすいパーツ。
しっかりほぐして流れをよくすれば、ほっそりさせることは
可能です。腕の内側と外側を両方ケアすることが大事！

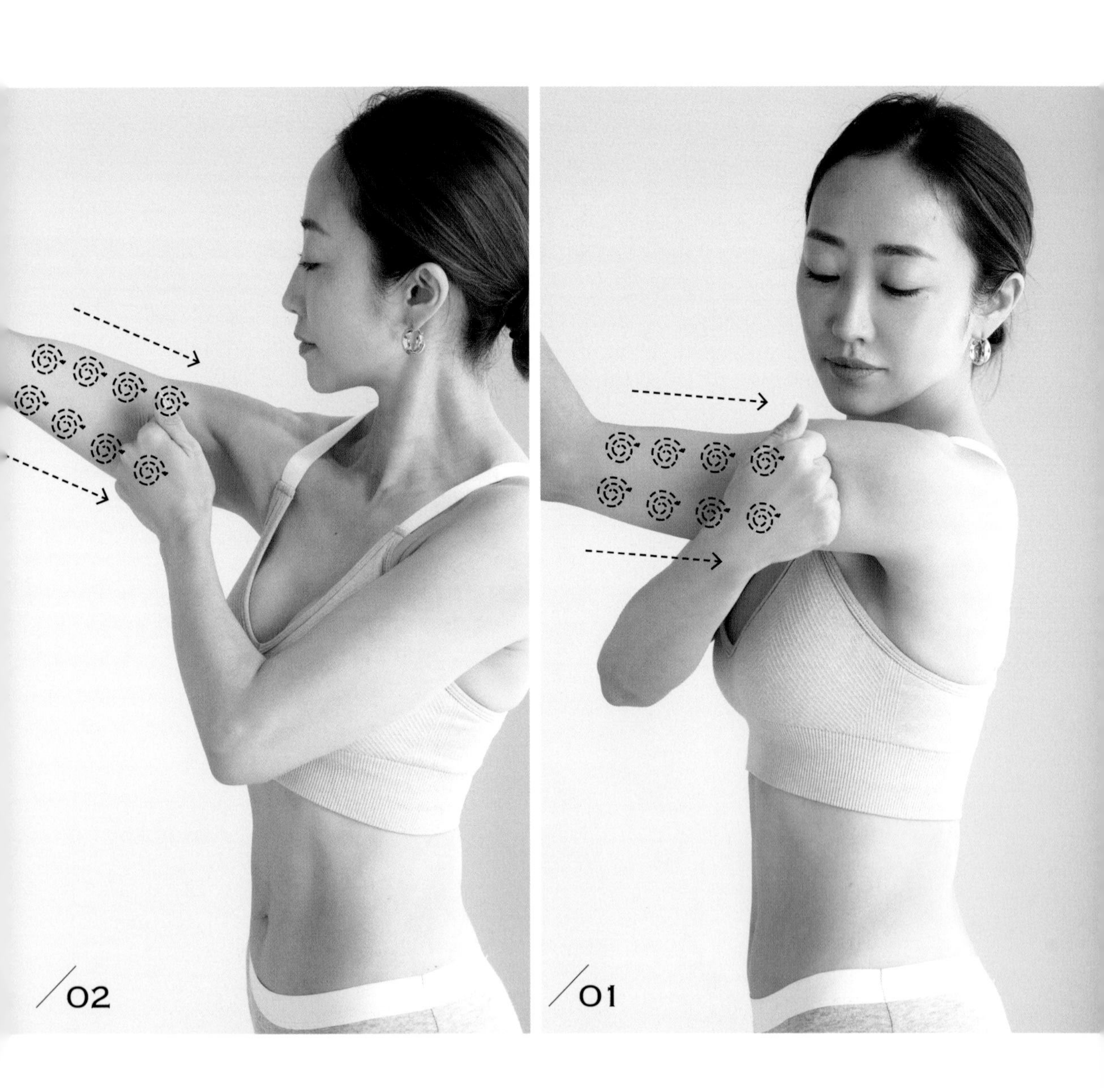

01

二の腕全体にクリームを塗る。握った手の第二関節を腕の外側の肘上から肩先まで全体を小さな円を描きながらゆっくりと移動させる。

02

腕の内側も、肘上から脇の下のくぼみまで、握った手の第二関節をゆっくりと圧をかけつつ小さな円を描きながらほぐしていく。

03

腕の内側の肘のすぐ上をつかみ、手のひらと五本の指の腹で圧をかけながら、腕の付け根までしぼり上げる。

04

外側も同様に、軽く圧をかけながら、肘上から肩まで行う。03と04を片腕10回ずつ繰り返す。

KANZAKI'S ADVICE

神崎アドバイス

荷物を持ったり、料理をしたり、パソコンやスマホを操作したり。かなり酷使している腕はとにかく凝りがち。どこでもできるマッサージなので、日頃から“使ったらほぐす”クセをつけましょう。

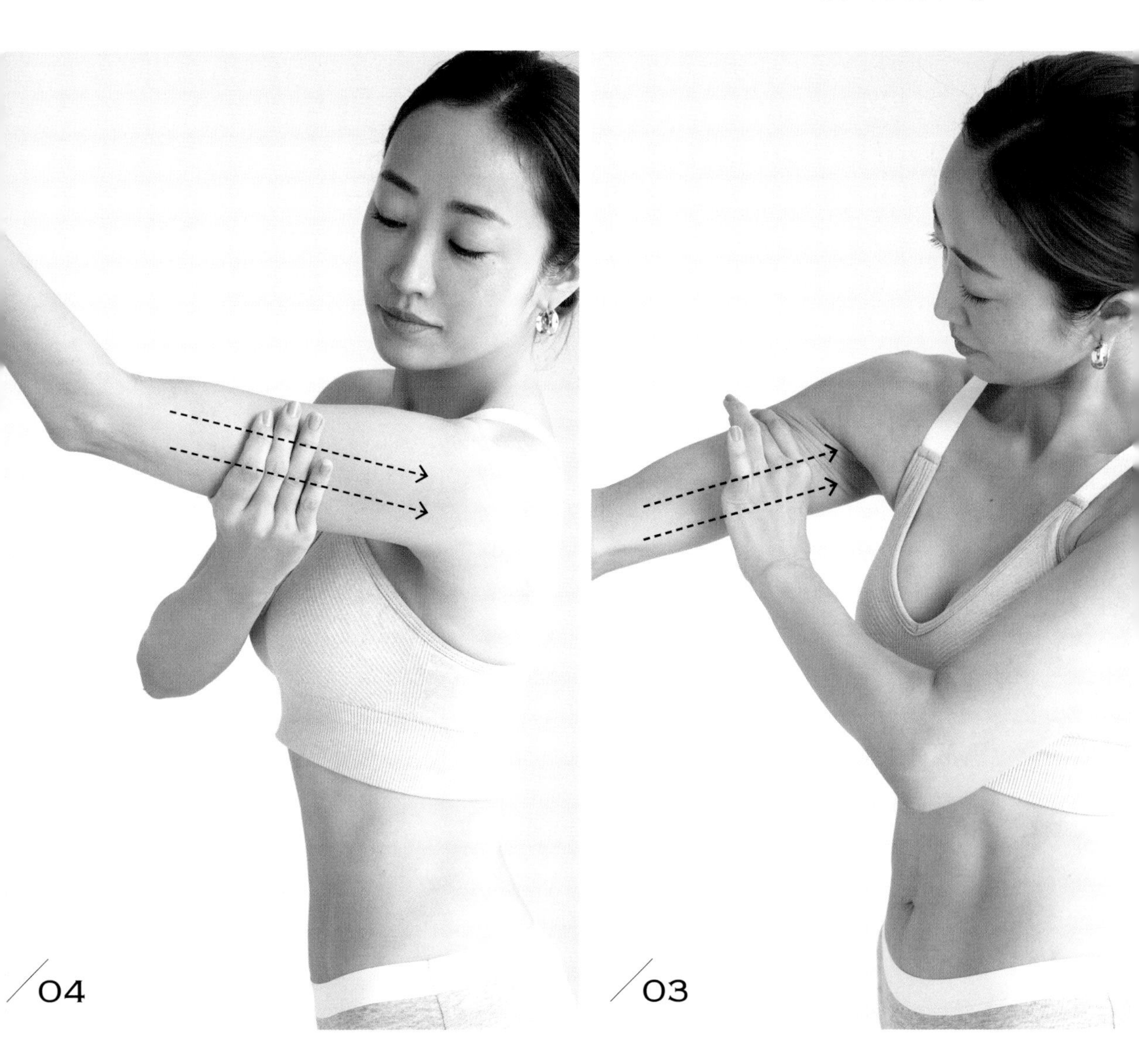

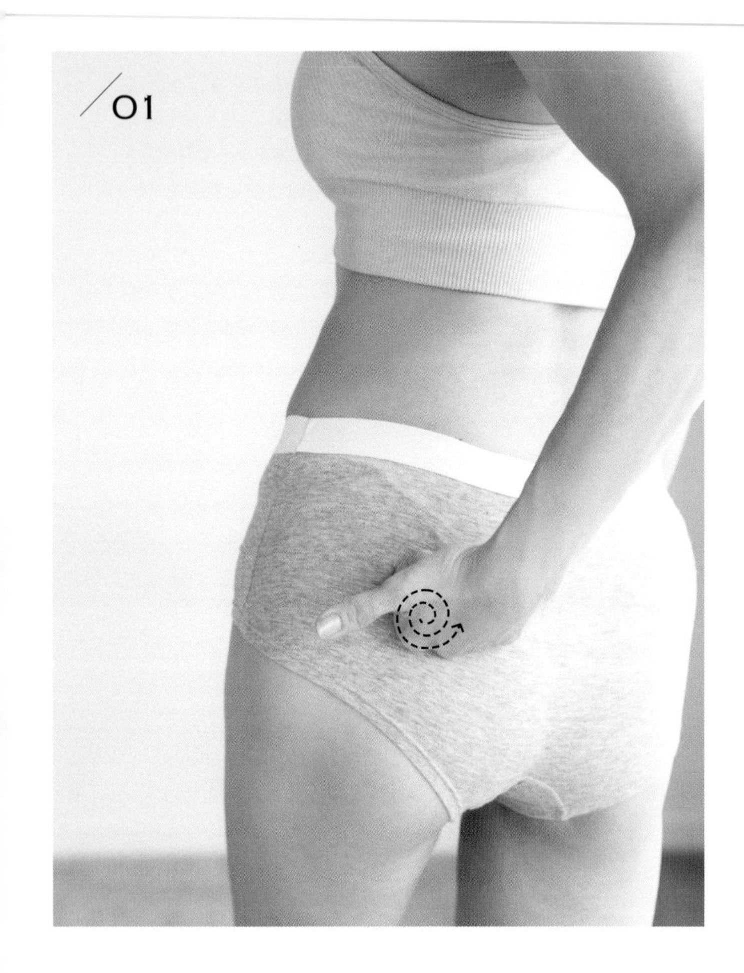

PARTS CARE

HIP

HIP

［お尻］

立体感ある形に マッサージで整えて

お尻も加齢によってしぼんだり、下垂しやすいので、下がって四角くならないようにケアが必要です。ただ引き上げるだけでなく、サイドにもまるみをつけることが、立体感とボリュームのある形を作る秘訣。

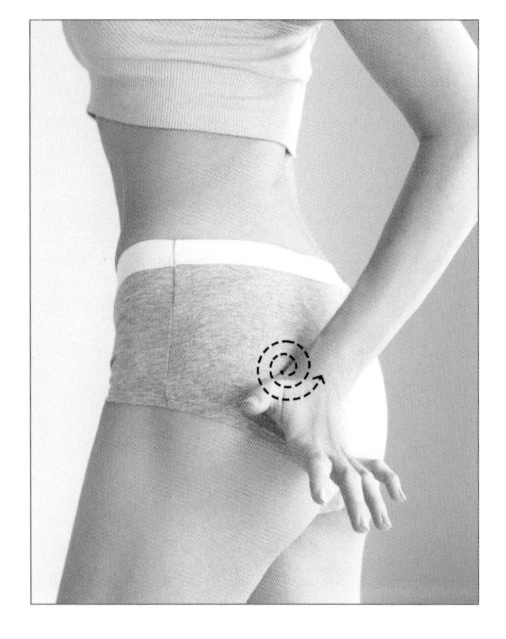

01

お尻全体にクリームなどを塗る。お尻の真ん中あたり、押して痛いと感じる部分を、拳でグリグリ円を描くように、上に向かって押し上げる。

01のやり方で、かなり痛みが強い場合には、親指の付け根(母指球)を使い、手のひらの"面"でほぐして。

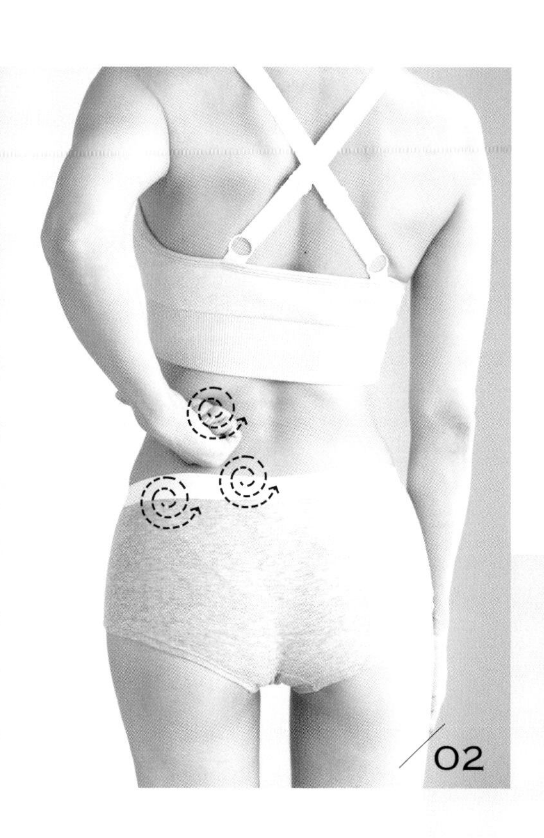

02

腰まわり全体も同様にグリグリ。この部分をほぐすことで血行もよくなり、ヒップアップもしやすく。

03

仕上げは、お尻の下側から背中まで手のひらでさすり上げる。お尻全体をまんべんなく行うこと。

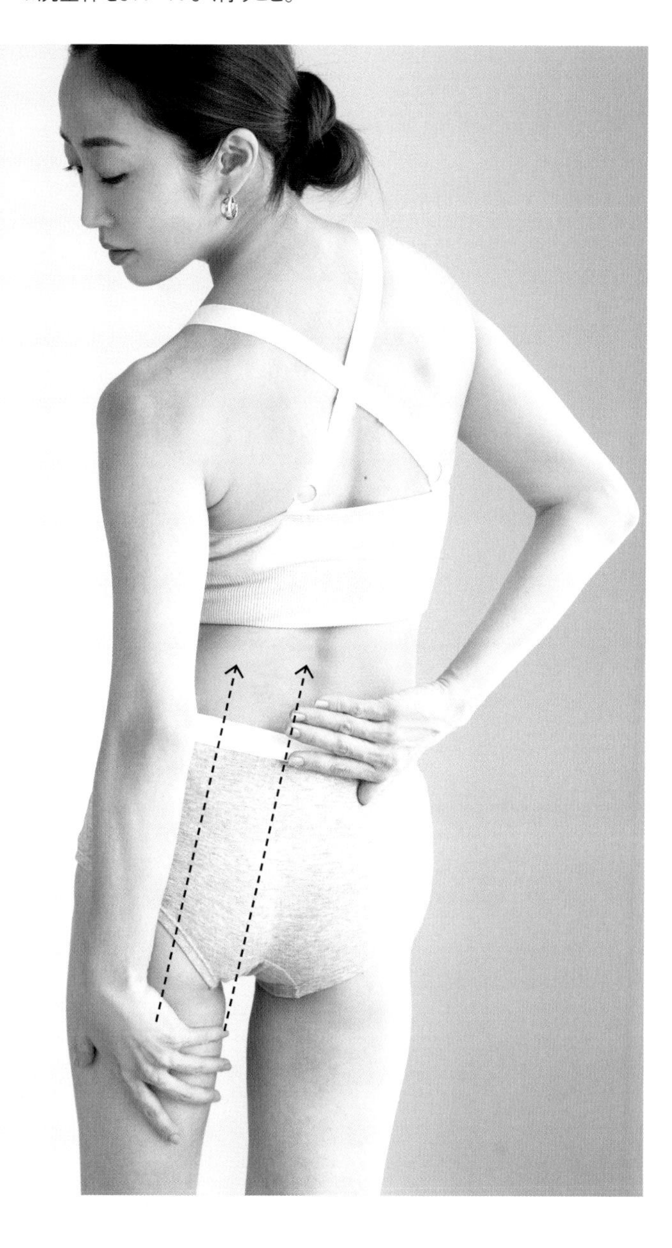

03

KANZAKI'S ADVICE
神崎アドバイス

血行不良も美尻の大敵。長時間同じ姿勢、とくに座りっぱなしは厳禁なので、デスクワーク中などでも30分に一度は立ち上がる、脚を動かすなどして血流をよくしましょう。

LEG
［脚］

PARTS CARE
LEG

爪先から付け根まで、まんべんなくほぐす！

膝の上にのったお肉、位置が下がったふくらはぎ。これらの原因となる脚の“ゆるみ”を取り去ることで、ただ細いだけではない、シャープな形に。脚のむくみをとったり、引き上げてすっきりさせるためのマッサージです。

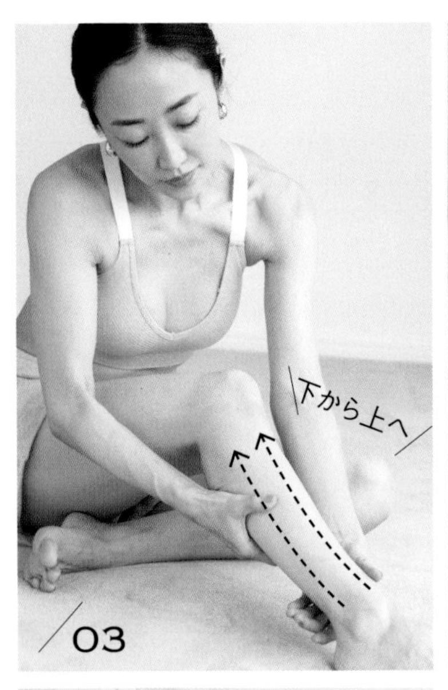

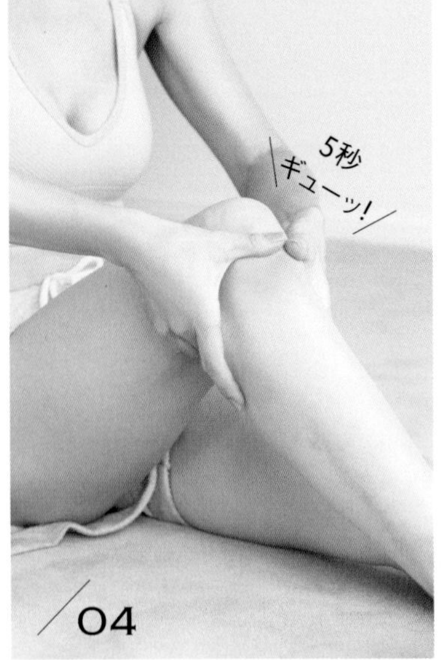

01

脚全体にクリームなどを塗る。第二関節を骨の間に入れ込むように小さな円を描いてグリグリ押す。

02

くるぶしのまわりも同様にグリグリ押す。足の甲とくるぶしはかなり凝っていることが多いので、丁寧に。

03

足首から膝裏まで、両方の手のひらを使って力強くさすり上げる。下から上に、10回行う。

04

膝の裏を両手で包み込んで指先でプッシュ。ギューッと5秒圧迫してからはなす、を5回行う。

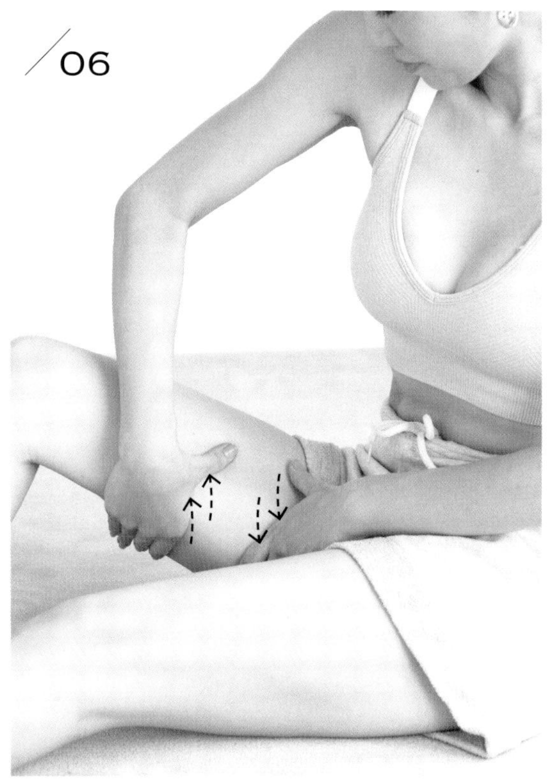

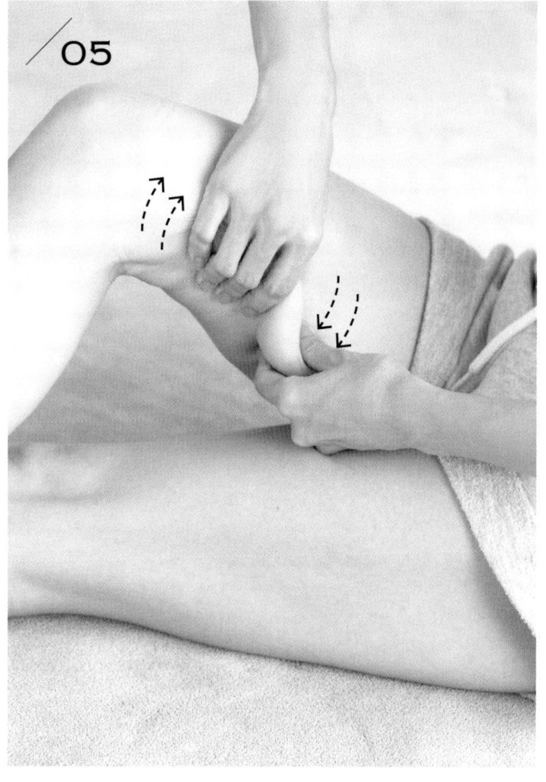

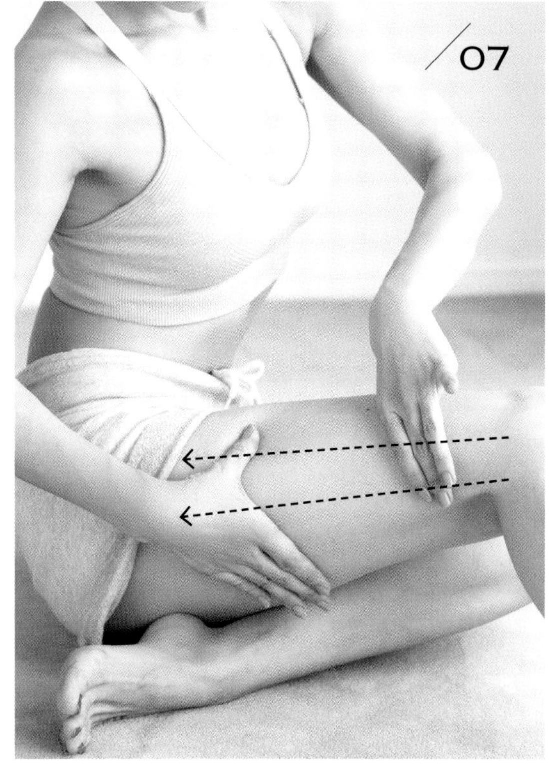

06

太もものマッサージの目安はその部分がじんわり温かくなるまで。表面だけではなく、奥までお肉をしっかりつかむことも効果を出すには大切。

07

もたつく膝上のお肉や、太もものたるみを引き上げるため、膝上から脚の付け根まで、両方の手のひらを使ってまんべんなくしぼり上げる。

05

太ももの内側全体を両手でつかみ、雑巾をしぼるようにねじり上げる。

KANZAKI'S ADVICE

神崎アドバイス

ヒールで疲れた脚は、足首まわりがガチッと固まり、なめらかに動けなくなっています。01、02のようなマッサージは、むくみをなくすことができるだけでなく、足首の可動域を広げることができます。

PURPOSE

1 冷えきってしまった日

冷えはからだの代謝を下げてしまうため、美容にも健康にもよくないだけでなく、気持ちが沈んでしまうなど、こころのバランスにまで影響します。冷えてしまったときにはからだを外側からも内側からも温めましょう。ハーブティーなど温かい飲み物でお腹の中を温め、40~42℃のお風呂に。緊張をほぐすような香りのバスソルトやバスオイルを入れるのも忘れずに。お風呂上がりも、温め効果のあるオイルを使ったマッサージや、遠赤外線の靴下や腹巻きでしっかり温めます。

PURPOSE

［目的別　こんな日にはこんなケア］

PURPOSE

2 疲れきってリラックスしたい日

疲れきってしまった日は、とにかく気の向くまま過ごし、睡眠をしっかりとることが一番。眠ることで頭もすっきり、こころのもやもやも解消されます。ふわふわと肌触りのいいブランケットやルームウエアなど、触れるものはこころ穏やかになるものを選び、フランキンセンスなどのアロマを取り入れ癒しの空間を作ります。そして温かくやさしい味をお腹に届ける。わたしは根菜をたっぷり入れた豆乳のポタージュやお出汁をきかせたスープを飲むことが多いです。お湯に混ぜてすぐにいただける出汁スープは常備しています。

PURPOSE
3 日に焼けてしまった日

日に焼けてしまったら、メラニンが作られるまでの72時間が勝負です。ヒリヒリしたり、熱を持っている場合、いきなり美白のケアを開始せず、まずは冷やしたガーゼなどでクールダウンを。私は冷やしたアロエのローションをコットンに浸してパックすることが多いです。その後は、鎮静効果の高いカレンデュラのオイルやクリームで肌を落ち着かせます。肌のひりつきや赤みがひいたら、美白ケアにスイッチ。ビタミンCのサプリなど合わせることで効果が高まります。行事や旅行で紫外線を浴びる予定がある場合、1週間前からビタミンサプリを飲み紫外線からの抵抗力を高めておくことも。

PURPOSE
4 生理の日

この期間はとにかく無理をせず自分を労わることにしています。からだやこころが辛くて、いつもならなんなくこなせることもできなかったりするもの。そんなイライラや不安にも焦らず抵抗せず「この時期だからしょうがないよ」と自分に声をかけてあげることにしています。それだけで気持ちがちょっと落ち着く。頑張らないことが大切です。からだを冷やさないように腹巻やフットウエアで温めケアも意識。食事はビタミンB6や鉄を積極的に摂るようにしています。ときには甘いものも取り入れます。わたしがよく使うのが、バナナや無花果。ガレットや米粉パンの上にくるみとハチミツにクリームチーズや豆乳クリーム、そこにバナナや無花果をのせハチミツやメープルシロップをかけて食べる。バナナはむくみにいいとされているカリウムや、幸せホルモンのセロトニンを増やすとも言われているトリプトファン、そしてビタミンB6を含んでいるという、辛いときに癒してくれるやさしい食材です。

PURPOSE
5 肌がごわついてしまった日

ごわつき対策は、原因別に行いましょう。まず、かかとなどに角質が溜まってゴワゴワになってしまった場合はスクラブがベスト。お風呂にしっかり浸かり、肌をやわらかくしてからやさしくスクラブを。その後はしっかり保湿します。乾燥が原因の場合には、保湿ケアの強化を。オイルでマッサージし、肌をやわらかくほぐしてから、濃厚なクリームを塗りましょう。ひどい乾燥の場合には、こまめにクリームやバームを塗り足し、保湿＋保護し続けること。

ETC.

［パーツ別 エトセトラ］

PARTS CARE

ETC.

POINT

1 指先まで顔‼

手にはそのひとの生活や性格、生き方が表れます。個人的には、「毎日丁寧に家事をしているんだろうな」と想像できるような、指の節が目立つような、温かい生活感のある手が好きです。でも、できるだけ、血管が浮き立たない、シワの少ない透明感のある手がいいなら、まずは乾燥対策から始めること。水仕事をする際には、ゴム手袋をするのが理想ですが、もし煩わしい場合には、水仕事にも塗ることができるクリームやワセリンなどの保湿剤を塗ってから行うと乾燥を防げます。また、ハンドクリームも厳選して使いましょう。保湿効果や香りも大切ですが、それだけでなくエイジング対策もできる美容成分入りのものを使うと、年齢を重ねると浮き出てくる血管や手指のくすみやシワのケアもできます。そして普段から手を〝道具〟として雑に扱わずに、顔と同じくらい大切に扱ってあげましょう。

POINT

2 肘、膝、足裏、かかとをスベスベに！

お手入れ不足が目立つ4大パーツ、それは肘、膝、足裏、かかと。まず肘や膝は、ごわつきや色素沈着による黒ずみが発生しやすいので、お手入れはスクラブでの角質ケア＋美白＋保湿を。美白成分入りのボディミルクを使えば、美白と保湿が一気にできて便利です。足裏やかかとは、角質ケアアイテムや、

POINT

3 背中は顔だと思ってケア

背中の肌は、実は顔と似ていて、ニキビやシミ、くすみといったトラブルが起こりやすい。だから顔と同じ意識でケアをすること。手が届きにくいのでスプレータイプを使うなど、工夫することですみずみまでケアできます。毛穴やニキビといったお悩みの場合には、高濃度ビタミンCを配合したローションを。少し贅沢ですが、顔用のアイテムをスプレーボトルに入れて使うようにしています。

ワセリンなどの保湿アイテムでケアを。わたしはベッドサイドにこれらのアイテムを置いて、寝るときに塗り込みます。日中、家にいるときは靴下をはいて、乾燥や摩擦によるごわつきを予防しています。

PARTS CARE

ETC.

POINT

4 白目の色で清潔感を

スマホやパソコンで目を酷使することで、目が充血したり、濁ってしまうことがあります。そんなときには、十分な睡眠時間を確保するなどなるべく目を休めるようにしています。それと並行して行うのが、血行促進ケア。ホットタオルや、蒸気が出る市販の温めアイテムでしっかり温めて、血行促進効果のあるアイクリームでケアします。また、目の中の雑菌も充血を引き起こすので、1日の終わりには、洗眼液でよく目を洗うのも大切。コンタクトを長時間つけていると目の中の酸素が不足することがあるので、メガネと併用するなど目の負担を減らす工夫を。視力に合わないメガネやコンタクトも目を疲れさせる原因に。定期的に眼科で検診を受けて、視力をしっかり把握するようにもしています。また、サングラスや眼鏡で紫外線やブルーライトから目を守ったり、目薬でのダメージケアもしています。

POINT

5 口の中からしっかりケア

歯に加え、歯茎のケアを大切にしています。歯茎のケアの重要さに気がついたのは30代になってから。それまでは虫歯にならず、白く整った歯があればいいと思っていました。でも年々感じる歯茎のエイジング。今では歯茎のケアを重視するようになりました。歯磨きは電動ブラシでやさしく汚れをしっかりと落とし、自分の歯の隙間に合った歯間ブラシに歯磨きジェルをつけ、歯と歯の境い目の汚れをとっていきます。次に歯と歯の間、そして歯茎の汚れをフロスで掃除。仕上げに予防効果の高いマウスウオッシュで口の中全体をすすぎ完了。歯科医院ではクリーニングをお願いする他、定期的に歯だけでなく、歯茎のチェックも受けて予防&メンテナンスを徹底しています。

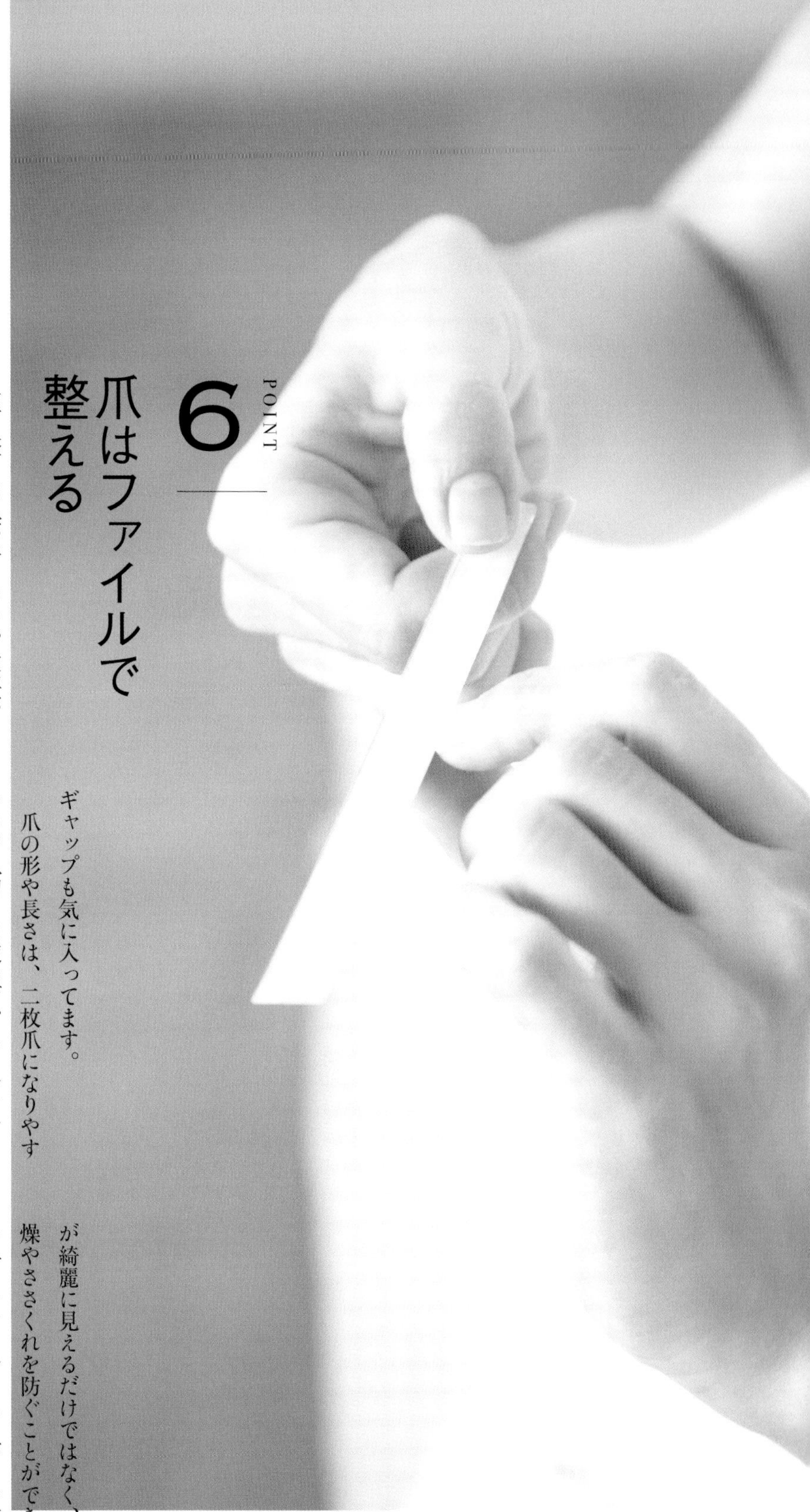

POINT

6 爪はファイルで整える

短く整えた爪が好きです。家事がしやすい、マッサージがしやすいなど実用的なメリットに加え、素爪でも清潔感が保てるし、濃い色や鮮明な色のポリッシュもいいバランスでつけこなすことができるのがとてもいい。そしてロングの髪とショートネイルとのいいギャップも気に入ってます。

爪の形や長さは、二枚爪になりやすいので爪切りは使わず、ネイルファイルで整えます。甘皮はオイルやハンドクリームを塗りこんだ指先を湯に浸けて、やわらかくほぐしてから綿棒やプッシャーで押し上げやさしく取り去り、仕上げにまたオイルやクリームを塗ります。月に1~2度行うことで爪が綺麗に見えるだけではなく、爪の乾燥やささくれを防ぐことができます。キューティクルリムーバーを使うとより簡単に甘皮のケアをすることができます。爪はついつい道具として使ってしまいがち、気がついたときにいい香りのネイルオイルをつけるようにすると、透明感と艶のある美しい爪と指先が育ちます。

PART 3

HAIR CARE

ヘアケア

神崎流ヘアケア論

髪には並々ならぬこだわりがあります。
この45年間をさらっと思い返しても、髪にまつわる思い出や思いは
肌やからだへの思いとは比べ物にならないほどです。
わたしの髪は、硬く、太く、多い、それに加えクセがあり乾燥しやすい。
この五重苦といっていいくらいの難しい髪質に、ものごころついた頃から悩み続けてきました。
幼い頃はくりくりのカーリーヘア。それはそれで可愛かったものの、年齢が重なるたびに、
ごわついたり、硬さを増したりと難しさは色濃くなっていきました。
学生時代には、さらさらのストレートに憧れ、アイロンやドライヤーであれこれ手を加えてみても、
クセと中途半端なストレートが混じり、それがまた「綺麗」の印象の逆を行く。
メイクをしたり服を着たりできる顔やからだと違い、
ある意味生まれもった質が大きく影響する「髪」というものにこころ悩ませた日々でした。
ストレートパーマをかけたり、「いい」といわれているシャンコン、
トリートメント、スタイリング剤はすべて試しました。
それでも解消されない髪への不満。
けれどある日、面白いくらいに「わかった」瞬間がありました。

それまでのわたしはとにかく〝もの〟に頼るだけ。
それさえ使っていればいいのだろうと、工程に目を向けていなかった。
これをふと疑ってみたのは、ヘアサロンでの経験がきっかけでした。
同じサロン、同じアイテムを使っているのに、ひとが違うだけで仕上がりが違うのはなぜだろう？
そんな思いから、手の動きをはじめいろいろなプロセスを観察しました。
そこにはちゃんと理由があった。
なにも考えずにやっていた、髪を洗う、乾かすといった工程など、
わたしが見逃していたところにこそ、髪を美しく仕上げるための
確かなコツがあったのだと気づきました。

「艶、やわらかさ、透明感、ボリューム」
これが、わたしがヘアケアで大切にしていることです。
艶があれば、クセを出してもストレートにしても、巻き髪でも美しい。
やわらかさがあれば、髪に雰囲気が出る。
髪が多くても太くてもクセがあっても、透明感があればそのすべてが「綺麗」に作用する。
ボリュームがあれば、素顔でもそのひとに最高の品と華を与えてくれます。
髪が美しいだけで、顔も肌もからだも綺麗に見え始め、
そのひとの美しさが見違えると確信しています。
そのために、観察したさまざまな方法を試しました。
この章では、難しい髪だからこそ見つけることができた効果実感の高いケアをご紹介します。

TOTAL HAIR CARE

［トータルヘアケア］

基本のルールさえ覚えれば
髪は生まれ変わります

なんとなく洗う、ただ乾かすのではなく、ひとつひとつのプロセスがどんな髪を育て、仕上げるのかを考えながら行うだけで、髪は生まれ変わります。髪の乾かす順番を変えるだけで顔が小さく見えたり、コンプレックスだったクセが扱いやすくなったりと、髪から始まる綺麗が広がっていきます。
そのためにはまず頭皮ケアを大切にする、そして綺麗に見せるための基本のルールを覚えることです。

ヘアケアの
商品情報は
P.181
「神崎カタログ」へ

BRUSHING
［ブラッシング］

シャンプー前には必ず！

シャンプー前のブラッシングには髪の絡まりをほぐし、頭皮や髪の汚れが浮き上がるという効果があります。頭皮の血行を促進する効果もあるのでぜひ習慣に。ただし日焼け直後など頭皮が敏感になっている場合には控えて。

BEFORE BATH

KANZAKI'S ADVICE
神崎アドバイス

ブラッシングに最適なのは、頭皮のマッサージも同時にできるクッションブラシ。ブラシの先端がしっかり頭皮に届き、かつ頭皮を傷めないタイプが最適です。ひどく絡まっている場合には無理にブラッシングをせず、お風呂でまずトリートメントを少量なじませてからお湯で流し、その後シャンプーをするとダメージを防げます。

01
ブラシを生え際に当て、頭頂部を通ってうなじまで。額全体をまんべんなくブラッシング。

02
実は血行が滞りがちな左右の耳上ゾーンもしっかり。かき上げるようにブラシを動かして。

03
汗や汚れが溜まりがちなうなじは、下を向いてうなじ→つむじへと毛流れに逆らいながら行う。

04
仕上げに額全体、左右の耳上ゾーンを再び生え際からうなじまでブラッシングしたら完了！

SHAMPOO
［シャンプー］

メイクと同じ。その日の汚れはその日のうちに！

1日の終わりの髪や頭皮には余分な皮脂やホコリ、時間がたって酸化しつつあるスタイリング剤など落としておくべき汚れがたっぷり。メイクと同じく、この汚れは、髪が乾燥したり傷んだりしてくすむ原因に。髪質に合ったアイテムを使い、すっきりオフしましょう。

02

01

02
汗など汚れが溜まりやすいうなじもしっかり！ うなじからつむじ方向にブラシをジグザグ。シャンプーブラシを使わない場合には、指の腹を頭皮に密着させて動かしながら洗うこと。爪を立てないことを徹底して。

01
シャンプーをつける前に、お湯だけでスタイリング剤や汚れを落とす。次に手のひらでシャンプーをよく泡立てて髪や頭皮につける。生え際からつむじに向かってシャンプーブラシをジグザグ動かす。

KANZAKI'S ADVICE
神崎アドバイス

ヘアバターやスタイリング剤を大量に使った日など、お湯で予洗いしてもなかなか泡立たないときには、サッと濡らしてからシャンプーを少量なじませる“プレシャン”がおすすめ。その後は2度洗いを。予洗いを長時間行うより汚れが落ちやすく、結果的に時短にもなります。

TREATMENT
［トリートメント］

ただなじませるだけでなく、握って成分を内側まで届ける！

トリートメントはやり方次第で髪が驚くほど変わります。まず髪の中間から毛先までなじませたら、目の粗いコームでとかしてトリートメントを全体へと広げます。その後、髪を少量ずつ束にしてからギュッと握って。美容成分が内側に浸透して効果がより高まります。洗い流すときは一度にやらず、少量のお湯をかけたら毛束をギュッと握ってもみ込む。このプロセスを3回繰り返します。こうすることで、トリートメント効果が高まります。

COLOR CARE
［カラーケア］

カラーを保つためにも洗ったら素早く乾かす

わたしは時間が経過するごとに変わっていく髪色を楽しむのも好きですが、ヘアカラーを美しく保ちたい場合にはホームケアでのひと工夫が大切。カラーケア用を使うのもひとつの手ですが、まずやるべきは素早く乾かすこと。濡れ髪はキューティクルが開きっぱなしになっているのでカラーが流出しやすい。洗ったらすぐに乾かす。それだけでも色持ちが違います。

KANZAKI'S ADVICE
神崎アドバイス

髪用のトリートメントは、頭皮につけるのはNG。頭皮がベタついたり、根元がペタンとボリュームがなくなってしまう原因に。

HEAD MASSAGE

［ヘッドマッサージ］

OUT BATH

シャンプー後のマッサージで
ガチガチの頭皮をやわらかく

シャンプー後は頭皮が温まりゆるんだ状態なのでヘッドマッサージをするのに最適。頭皮は髪の“土台”。しっかりほぐして血流をよくしてあげれば栄養を受け入れやすくなって美髪が育ちやすくなるだけでなく、白髪やヘアロス対策にも効果的。

01 頭皮全体に血行促進を促すアイテムを塗布。生え際やつむじ周辺、うなじなどにまんべんなく。

02 頭皮をつかみ、指先に力を入れながら小さな円を描くように行う。指の位置をずらしながら頭全体を行う。

03 骨と頭皮を大きくずらす感覚で、指先に再び力を込めて今度は大きな円を描くように。これも頭全体に行う。

04

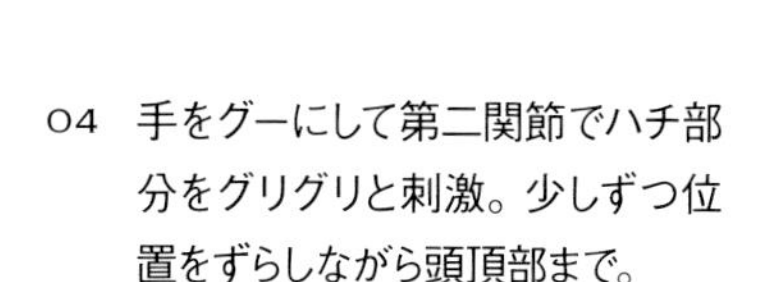

KANZAKI'S ADVICE

神崎アドバイス

今回紹介するヘッドマッサージは、全工程でも2〜3分。簡単にできるし、朝、顔色が優れないときでも血行が促されパッと明るくなるので、メイク前にもおすすめです。また毎回、スカルプ系のエッセンスを併用するのもおすすめ。

05

04 手をグーにして第二関節でハチ部分をグリグリと刺激。少しずつ位置をずらしながら頭頂部まで。

05 側頭部と後頭部も同様に。最後は第二関節を頭頂部から首筋に向かって滑らせ老廃物を押し流す。

頭皮のチェックポイント

健康な髪と頭皮を維持するためのセルフチェックを。以下に該当する場合はすすぎ不足だったり、洗いすぎかもしれません。お手入れを今一度見直してみて。

- [ ] 健康な頭皮は白。赤みがあるのはゆらいでいる証拠。
- [ ] 毎日洗っているのに皮脂でベトベトしたり、臭いが気になる。
- [ ] カチカチに凝り固まっていて指で押しても動かない。
- [ ] 頭皮が乾燥して、フケやかゆみが出ている。

HAIR DRY
[ヘアドライ]

しっかり“乾かしきる”ことが重要です

頭皮や髪に水分が残っていると、キューティクルが閉じきらずに傷んだり、臭いの原因にも。完全に“乾かしきる” ことが大切。ただし、毛先から乾かし始めると、乾かしすぎの原因に。頭皮や根元から乾かすことで、髪の乾かしすぎによるダメージを防げます。

AFTER BATH

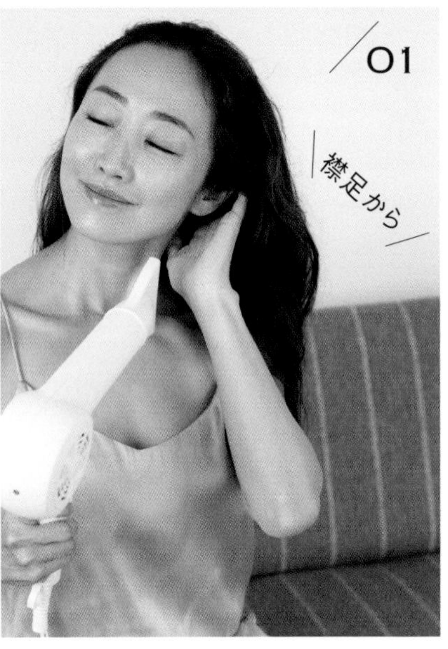

01

スタートは湿気が溜まりやすく、乾きにくい襟足部分から。指ですくいながら頭皮に風を当てる。

02

サイドは髪をかき上げながら。いろんな角度から風を当てることで頭皮の乾きがスピーディに。

03

逆サイドも同様に。同じ方向にばかりかけていると仕上がりがペタンコになってしまうので、いろんな方向に髪を指で軽く引っ張りながら乾かすと、根元が立ち上がる。

04

上半身を軽く倒して後ろから前に向かってドライ。実は乾きにくいつむじのまわりも念入りに!

05

からだを起こして髪をかき上げながらドライ。04、05で根元の自然な立ち上がりがさらにアップ。

06

温風での仕上げ。手ぐしで毛先の絡まりなどをほぐしつつ、全体の毛流れを整えていく。

07

冷風にチェンジ。手ぐしで整えながら全体に当てることで、キューティクルが閉じて艶がアップ。

KANZAKI'S ADVICE

神崎アドバイス

ドライヤーを選ぶなら風量が多く、素早く乾かせるもの、そして髪が高温になりすぎないものを。乾かす前にアウトバス用のオイルやトリートメントを使うことで、より艶やかな髪に仕上がります。

PART 4

INNER CARE

インナーケア

神崎流インナーケア論

肌の美しさ、髪の美しさ、自分の一番外側である外見の綺麗さは大切です。
それは、綺麗でいることに意味があるのではなく、
自分が自分として生きるうえで心地いいことに意味がある。
鏡を見て、「なんかいいかも」と思えること、
ときにその「いいかも」に元気や勇気、自信という力をもらうことができるから。
でももうひとつ、それと同じくらいに大切なもの。
それが自分の内側。
からだやこころ、頭の内側が健康で美しくあることがとても重要です。
インナーケア。
この言葉を何度も耳にしながら年を加えてきました。
正直、このインナーケアの必要性を実感したのはここ数年です。
それまでは、他人事のように聞き流していました。
わたしには、まだまだ関係のないこと、だと。
内側に気を配るのはほどほどに、それよりも外見の美しさに手を打たねば。
そう思っていました。目に見えるケアをし、目に見える変化を実感する。

それは、若さゆえの美容方法だったのかもしれません。
けれど30代後半、いくらいいスキンケアをしてもなかなか効果を実感できない肌。
どこかいままで通りにはいかないからだ、なんとなく曇るこころを感じ始めました。
そして40代に入ってからは、そんないろいろな変化がさらにはっきりとしたものになりました。
肌や髪、からだの外面的な変化とともに、それまでまったくなかったＰＭＳ（月経前症候群）の症状を
感じるようになったり、こころとからだのばらつきを実感するようになりました。
やる気が出ない、なぜか不安になる、小さなことを考え込むようになる、疲れやすい、
眠りが浅くなってしまう。数えたらいくつもあげることができるほど、確かに感じ始めた変化。
自分の内側に目を向け耳をすませるときがきたと感じました。
なんとなくやり過ごしてきたこと、無理をしてきたこと。
当たりまえになってしまった習慣もひっくるめて、
一度自分のからだやこころと向き合おうと決めました。
この章では、わたしが心地いい自分でいるため、
毎日を心地よく、そして力強く過ごすために大切にしていることをご紹介しています。
いろいろなことを見直し、試し続けている今、
こころとからだがヘルシーでいることの気持ちよさを感じています。
そして、生き生きと艶を取り戻し始めた肌や髪、気持ち。
ストレスの中で泳いでいるようなこの現代。
インナーケアは年齢に関係なく、今とても重要なケアになっているのではないでしょうか。

ESSAY

FOODS

食べるもの

食べることを楽しんでいます。
といっても、食べることを余裕で楽しめるようになったのは、ここ数年かもしれません。思い返してみると、45年の大半を、「いかに食べないか」を意識して過ごしていたような気がします。
ずらりと並ばされ、体重計にのり、数字を読み上げられる。「先生どうか小さい声で」と願っていたあの頃から大人になるまでの数十年、抱いてきた食べることへの罪悪感。今思えば、なんてもったいないことをしていたんだろう、と思うのです。
ここ数年は、自分のからだのバランスもよくわかるようになりました。
加えて運動することが生活の一部になってから、バランスよく食べることだけでなく、食べたいものを楽しんで食べる楽しみが増えました。
美容を仕事にしていると、食生活もストイックであるべき、と思われることも多いのですが、わたしの場合はそれはなし。
食べないことではなく、できる範囲で選び、楽しく食べること、を大切にしています。
基本、朝はスープや野菜、おかゆ、スムージーから始めます。
もちろんしっかりとした朝食を楽しむ日もありますが、からだもこころも軽やかにスタートできる実感があり、朝は軽めにすることが基本です。白湯や常温の水を飲み、軽めの食事で胃腸の動きをゆっくりとスタートさせます。

昼はほとんど撮影現場でいただくことが多いので、なんでももりもり食べる。自宅にいるときには、自炊をしますが、野菜や炭水化物に加え、肉や魚といったたんぱく質もしっかり摂るようにしています。
夜は、なるべく7時までには食事を終えるようにしています。
夜だけは炭水化物を控えるようにしていますが、それよりも大切にしているのはその日のからだに合ったものを摂ること。
例えば、疲れたなというときには元気が出るものを。生姜、にんにく、大葉、ミョウガなど、薬味をスープや魚に加えたり、スパイスの効いたスープを作ったりします。
からだが重いな、むくんでるな、というときには海藻類や柑橘類でカリウムやクエン酸を。ビタミンEが豊富なアーモンドやアボカド、うなぎを選ぶことも。
からだも気持ちもなんだか沈むな、という日には、ビタミンB_6が摂れるようまぐろやカツオ、レバーに薬味をたっぷりのせて食べたりと、夜はからだとこころを癒す食事をすることを意識しています。
ときどき、チョコレートや小麦粉が無性に食べたくなることがあります。そんなときはとても疲れていたり、緊張が続いたとき。「からだからのサイン」だと思うので、消化のいいうどんやおかゆを食べ、内臓を休めることにします。
からだとこころにいいもの。わたしの食事の基本です。

ESSAY

SLEEP

睡眠について

睡眠はからだの細胞の修復には6時間以上は必要といわれています。それはわかっていても、なかなか理想通りにはいかないものです。
朝は6時に起床。お弁当や朝食作りからスタートする日常。
9時から5時までは仕事と決め、仕事終わりにはスーパーへ直行し帰宅、夕飯の準備からまた後半戦がスタートします。
三男の寝かしつけが終わり家事も済ませ、入浴を終えるのは夜の11時頃、ここから原稿やリモート取材などが始まりベッドに入るのは午前2時くらいになることも多く、どうしても睡眠の時間が削られてしまいがち。
そんな毎日の中、意識し大切にしているのは、睡眠の質。
長くても短くてもいい眠りにつけるよう工夫しています。
それに深く関わってくるのが交感神経と副交感神経のスイッチの切り替え。
もともとわたしは常に交感神経が優位。例えるなら1日中試合をしているような感覚です。これによってからだや頭が疲労し、いい睡眠もとりづらく、いくら睡眠をとっても疲れが解消されにくい。なので、これをどう切り替えるのかが重要。
それをテーマに夜のルーティンを工夫しています。
まず、食事はどんなに遅くても寝る2時間前くらいには終え、胃腸の負担を軽くします。
次に照明。家族が寝静まった後は、間接照明など、やわらかい灯りに切り替え、神経を鎮めるようにしています。

そして、その日心地いいと感じるバスソルトやオイルを入れた湯船にゆっくりと浸かります。照明も気持ち的には露天風呂に入っている感覚に近いくらいささやかなものだけをつけています。30分以上湯船に浸かりからだを温め巡らせます。ただ、もう1秒でも早く寝たいというへとへとな日は10～15分だけ。心底疲れた日の長い入浴は逆にからだを疲れさせてしまうことがあるので、体調に合わせて時間を調整します。

お風呂上がりは、香り重視のボディケア。いい香りと感じるクリームやオイルで潤いと香りを纏(まと)います。

お風呂から出た後は、できる限り携帯やテレビ、パソコンは見ないこと。ベッドリネンは白で統一し、治癒力を高めるといわれている「白」色の効能を投入。包まれると穏やかな気持ちにもなるような気がしています。

ピローミストやリネンミストを吹きかけ、さらに心地いい空間作り。わたしは、「睡眠」にこだわったミストを愛用しています。

枕も自分の首や頭に合うものを選び、遠赤外線の温熱マットを、日や季節によって位置を変えて敷き、からだを温めるようにしていることで、とても穏やかな心地で眠りにつくことができています。

休みの日には、三男と一緒に9時半くらいまで寝てしまうことも。ときにはだらけることも大切にしています。

ESSAY

STRESS CARE

ストレスケア

ストレスに浸かっているような日常。それをしょうがないことだと諦めるのか、ひとつひとつ手を打つ行動をとるのかでは、肌や表情という見た目にも、こころやからだの健康にも明らかに違いが出るのではと感じています。
中には、ストレスを受けることが慢性化し、ストレスを感じていることさえわからない、麻痺してしまっているひともいるかもしれません。ストレスは健康、そして美しさをそこなう原因になります。いくら高価な化粧品を使っても対処しきれないほど、肌をくすませ、しおれさせてしまいます。
どうやって対処するか？ それにはふたつの角度からのアプローチが必要です。ストレスのもとを軽減すること。そして受けたストレスを放出すること。
ストレスというものは、ひとと関わり合い生きていく中でゼロにはできないもの。その中でできるかぎり、逃げたり、軽くできる方法を見つけていくことです。
わたしも日々ストレスを抱えています。ひどいときには、肌がくすみ、しぼみ、シワや白髪が増えます。こころもトゲトゲとするものです。そのストレスにこころやからだが乗っ取られてしまわないよう、工夫をするようになりました。
まずは、自分にとって今なにがストレスなのかを1日単位で整理するようにしています。中にはもう数年続いているものもあり、その日によって新しく加わるものもあるし、それがひとの場合もあるわけです。ひとつひとつあげたら、切り捨てられるものは捨てたり逃げたり、そうはいかないものは、どうしたらそれが少しでも軽くなるかをいろいろと模索します。そして行動することにしています。

ときにはひととの距離をとったり、つながりを切ることもあります。自分にとって、なにが大切でなにがそうでないのか。ストレスというものは、それを考えさせてくれるいいチャンスでもあると感じています。「自分の人生」を考えてみると、意外といらないもの、手放したほうがいいものやことがあるのがわかります。

そして、そうはいっても小さいものから重みのあるものまで、肉体的なストレスから精神的なストレスまで、日々それはなくなりはしないもの。だから、1日の中に、「心地よさ」を入れ込み、ストレスを放出する工夫をしています。

心地いい香り、心地いいブランケット、心地いい寝具。家の中に自分だけの空間やスペースを作るのもいい。わたしの場合は自分の好きなものだけが詰まった「仕事部屋」がその空間です。母でもなく、妻でもなく、「自分」になれる場所です。

考えすぎず、ときに逃げたり、現実逃避する時間も必要。

わたしはそんなときには韓国ドラマなどの連続ドラマにのめり込むことにしています。日常につながってしまっている頭を強制終了させる。このプロセスもわたしにとってはとても重要なものになっています。

そして、ストレス対策で大事なのは、「自分」。他人のものさしで測らないことです。

だれかにとっては辛くないことでも、自分にとっては辛いことがある。

だれかは耐えられることでも、自分がそうでないなら手を打つべき。

大切な自分をできるだけ心地よく、健康に。そのためにもストレスへの対処法はいくつもそろえておいたほうがいいと思っています。

ESSAY

DELICATE ZONE CARE
HORMONE CARE

デリケートゾーンケア

デリケートゾーンのケア、なかなかひとには聞けない、積極的に話すことができない分野の話かもしれません。
美容界では、デリケートゾーンや更年期、ホルモンバランスの話をすることにあまり抵抗がありません。その話が、女性の健康にとっても、美容の観点からもとても重要なことだからです。最近はやっと膣ケアの話も聞いたり、目にできる機会が多くなってきたように思います。
どこかセクシャルなパーツだと思われがちな膣、でも実際は、女性のこころや健康ととても深いつながりがあることがわかっています。
例えば、ストレスや疲れで自律神経が乱れていると膣は萎縮します。女性ホルモンが減少すると乾燥したり、冷えなどで血流が悪くなると同じように膣も冷えてしまう。この膣のいろいろな変化が、こころのイラつきや頭のモヤつき、倦怠感となって現れることがあります。
わたしがまず取り入れたのは、膣マッサージ。清潔な手で専用のオイルを使用して行います。できれば毎日、抵抗があるというひとは週2回くらいから始めるといいと思います。膣をやわらかくほぐし、温め、潤すことで、感情のイライラやくもりが穏やかになるのを感じています。
また肌に透明感が出たり、深く眠れるようになったり、ＰＭＳが軽くなる。
膣ケアはからだやこころに働きかけ、気持ちを前向きにやわらかくしてくれるものだと実感しています。

ホルモンケア

今年になって意識し始めたホルモンケア。からだやこころの変化を実感するようになり、そろそろできることから始めようと思いました。
いつかはそんな変化を感じる日がくるのだろうと思っていましたが、実際その気配を感じ始めると、少し不安になるものです。
わたしが救われたのは、先輩方の体験を聞けたことです。みなそれぞれ症状は違ってもそんな不調を感じた経験がある。そんな生の声はとてもこころ強く、医療機関でホルモン値を測るなどのケア方法の選択肢も増やしてくれました。
まず始めたのは、日常の中で気負わずできること。ホルモン療法などを考える前に、自分でできることから始めました。食事では、旬の食材を積極的に摂ること。旬のものは栄養のバランスもよく、吸収率もいいからです。
便が溜まったり、腸内環境が悪くなると、子宮を圧迫し、生理痛などPMSの症状を重くすることもあるので、エゴマやオリーブなどの質のいい油や麹などの発酵食品、食物繊維などを取り入れることにしています。
そして、ストレスや疲れを感じるとついつい欲してしまう甘いものや辛いもの。甘いものは胃腸機能を低下させ血行不良を促進させるといわれている砂糖ではなく、ハチミツやアガベシロップなどに置き換える。気力が出ない、というときには、スープカレーなどでスパイスの力を取り入れます。
そして、今取り組んでいるのが、目を酷使しないこと。目が疲れることで、ホルモン分泌に関わる視床下部に影響が出てしまうとのことなので、目を温めたり、スマホを見る時間を制限するなど、工夫をしているところです。

ESSAY

SUPPLEMENT
TIME MANAGEMENT

サプリの話

必要なものは、食事から摂る。長年意識し続けていることです。
でも、必要なものを効率よくからだに取り込むには、サプリの力も必要。
ここ数年でそう考えるようになりました。
そのきっかけは、皮膚科での血液検査でした。
紫外線にさほど当たっていない、十分な睡眠がとれているのに、なぜか肌がくすんでいるような気がする、と友人のドクターに相談し、行った血液検査。
疲れで鉄が不足し肌がくすんでいる可能性があることを知りました。
自分の意識とからだの差があるからだのバランス。
それを知ってから、定期的に検査をし、今自分になにが足りていないかを確かめることにしています。必要な栄養素を調べることができる血液検査もあり、それを知ることで肌トラブルや体調、こころの不調などを予防することもできます。
わたしが今摂っているサプリは、おもに4種類。
疲労回復や抗酸化のために飲んでいるビタミンCと、エネルギーを作るときに欠かせないビタミンB群。ドクターから不足を指摘された鉄は、生理のある女性にとって不足しがちなミネラルで、貧血予防にもなります。また、髪の毛や爪の健康を維持するといわれている亜鉛なども摂るようにしています。
サプリだけに頼るのではなく、食事優先で足りないものはサプリで補助する。このバランスがとてもいいなと感じています。

時間ケア（タイムマネージメント）

24時間しかない1日の中で、重要なことをしっかりとやりながらも、ある程度の余力を残す。これがわたしの毎日の大きなテーマでもあります。

だからわたしは、ときにサボることを自分に許しています。もちろん、頑張れば、すべてを完璧にこなすこともできるでしょう。でも途切れることなく続いていく毎日。そんなに頑張っていたら、正直身がもたない。

だから、効率よく頑張ったり、サボったり、わたしが毎日元気でいることができるコツのひとつ。それは、いろいろな時間に散らばっています。

例えば、食事。盛るだけで美味しそうな器を集め、盛りつけるときには赤、緑、黄の色を添えたり、実は簡単な料理もより美味しく、より目が楽しめるよう工夫する。料理が美味しく見える方法を知っていれば、いい具合に手を抜き時間を短縮することができる。

服やメイクであれば、「これさえ着れば」「この組み合わせなら」という考えなしでそれなりに仕上がるものやセットを作っておく。支度時間の焦りや無駄な時間をカットすることができる。キッチンや水まわりの掃除はそのときそのときにちょこっとやってしまう、その他の掃除は週末にまわしちゃう。

スキンケアだって「面倒！」と思う日には、洗顔後にシートマスクをペタッと貼ったらベッドに直行。数分後にはがしたらベッドサイドに置いてあるクリームを寝たままベタッと塗って「おやすみなさい！」。

そんな風に、完璧にならず、そのときそのときで楽な方法を選ぶ。

時間やこころの余裕は、動く力になります。

ESSAY

FRAGRANCE
UNDER WEAR

香りのこと

ここまで記憶や感情に直結するものはなかなかないと思うほど、香りは無条件にこころへとつながっているものです。

部屋に飾っている花のみずみずしい香りは、殺伐としがちな慌ただしい日常に新鮮な空気を流し込んでくれる。道端でほのかに漂う金木犀（きんもくせい）の香りは、懐かしさとちょっとした切なさを感じさせる。今まで触れてきた無数の香りやにおいは、頭やこころに染み、1日のどの瞬間をとっても、そこには香りがあります。

いろいろな香りを気持ちやシーンに合わせて選びますが、大きく分けてふたつ。ひとつは、自分のためだけの、自分の香り。これは直球で「好き」と感じる香り。フレグランスやボディクリーム、サボンなど、いろいろな形状のもので香りを纏い感じます。これは、自分が自分でいるための香り、その香りを感じることで、自分を肯定できたり、安心したり自信をもてるもの。

もうひとつは、こころ穏やかになる香り。これは自分もひとも、その香りに触れるひとがみな穏やかになるような、清々しくやさしい空気感をもつ香り。これはオーガニックの精油で作られているものが多く、主張ではなくフラットな感情をもたらしてくれる香りです。

家や仕事場にもその場にいるときにぴったりとくるディフューザーで香りを。家具を選ぶように香りを選んでいます。

仕事の自分とプライベートな自分も、纏う香りでスイッチを切り替える。すんなりと「切り替え」ができるのは、まっすぐにつながっている香りだからこそ。

インナーケアの
商品情報は
P.182〜
「神崎カタログ」へ

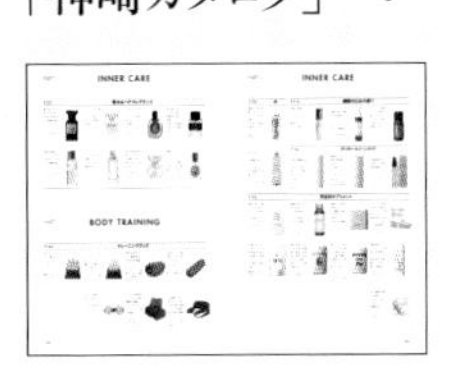

下着について

下着は、目的ごとに着分けることにしています。
ひとつは、気分が上がるものです。自分のためだけに着るランジェリー。
レースやシルクの見るだけでうっとりするようなもの。贅沢ではありますが、肌に一番近いものだからこそ、その美しさは自分へとしみ込むものだと感じます。
「誰に見せるの？」
「誰に見せるわけじゃないのに？」
そう思うひともいるかもしれません。
でもランジェリーは、自分に見せるためのもの。
だから、絶対にときめくものを。そう決めています。
ふたつめは、機能性。服にひびかないものです。
シンプルなベージュの下着は撮影時では必ず着るもの。それに加え、肌の見え方を邪魔せず服もからだも美しく引き立てるヌーブラも数種類用意しています。ヌーブラはヌーブラ社のものを愛用、カップの形や厚み違いで数種類。そして色はベージュとブラック。そげたり、下垂したバストもヌーブラがあると綺麗な形に補正できるのが頼もしい。
また、家でリラックスして過ごすときは、ノンワイヤーのブラで。わたしは寝るときでも、ストレッチがきいてからだが自由に動くノンワイヤーブラを着用しています。これも総レースで気分が上がるものを選ぶようにしています。

PART 5

BODY TRAINING

ボディトレーニング

神崎流トレーニング論

わたしは156cm、42kg。
数字にはこだわりませんが、理想のからだの形は作ることができる。
自分に合ったトレーニングを続けることで、それが可能になることを知りました。
からだの形を作る。
実はわたしの中で、若い頃にはなかったこの視点。
10代20代の頃は、とにかく数字。体重を減らすダイエットばかりを試し続けていました。
流行りのダイエットはひと通り試し、プロの手による痩身も数多く体験しました。
もちろん数字はそれなりに落ちていく。
でも、それと同じように落ちていくバストやお尻のサイズ、しおれてカサカサになる肌。しぼみ、たるんでいく肌。
それでもそれは痩せた証だと思っていたし、減っていく体重の快感にとらわれて
「綺麗」が消えていくのが見えていなかった。
数十年生きてきて、いろいろな自分、そしていろいろな美しいひとを見て思うのは、からだは体重ではなく形。
それも生まれもった形以上に、努力し、自分と向き合って形となったからだの美しさです。
自分に合ったトレーニングを見つけるまでにも時間がかかりました。
ジムでの負荷をかけたハードなトレーニングや溶岩の熱さの中で行う有酸素トレーニング、

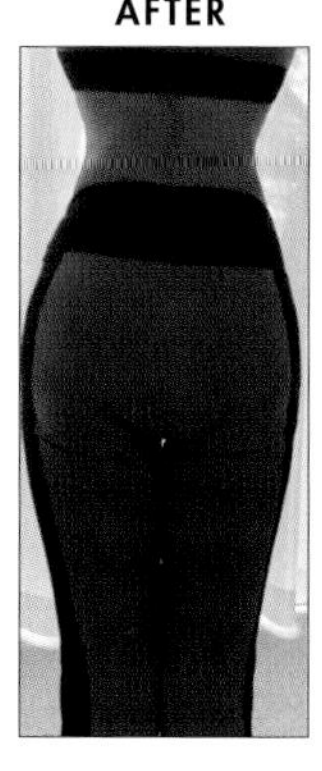

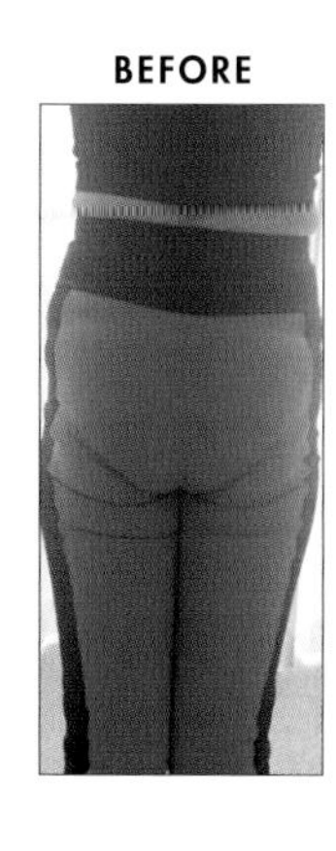

トレーニング前は、ウエストとヒップのメリハリがないからだでした。トレーニングによって、ウエストがくびれ、ヒップにまるみが出ました!

いいといわれるものは試してきた。どのトレーニングでもそれなりの結果は出る。
でも重要なのは、それぞれのトレーニングが作り出すからだの形に違いがあることです。
ときには、肩や首がもりっとたくましくなってしまったこともありました。
長年、楽をするためについたからだのクセで、トレーニングを重ねるたびに肩甲骨が埋もれていくことも。
なりたいからだになるための努力が真逆に向かうという結果。
「もうわたしのからだは変わらないのかもしれない」という諦め。
ただやみくもに鍛える、トレーニングをする、のではなく、
このトレーニングはどんなからだを作ることができるのか、を知り、
そのうえで自分のなりたいからだを作ることができるものを選ぶ。
これがとても重要なことを学びました。
わたしが作りたかったのは、バストやお尻、肌にやわらかなまるみはありながらも
ウエストや首、ふくらはぎや足首はしまっているからだ。そしてお腹の縦線。
なにより、動きやすい健康なからだです。
この「なりたい」を実現してくれるトレーニングと出会えた感動、
そして頑張ることでまだまだ変わることができるという自信は、
この45年の中でもとても色濃いものになっています。
このトレーニングの特徴は、「ほぐす+深い筋肉にアプローチする」というところ。
ほぐしを加えることで、しなやかでまるみとしまりを両立したからだを作ることができます。
わたしは、なにかを始めるとき、かならず最初は集中して取り組むようにしています。
そうすることで、わかりやすい変化を実感することができるから。
まず1週間、続けてほしい。きっと、嬉しい変化が見えるはずです。

BODY MAKE

HOSHINO'S METHOD “HOGU-PILA”

［〝ほぐピラ〞トレーニング］

トレーニング監修：星野由香

トレーニングはまず「ほぐし」から

大人のからだは、ただ痩せれば綺麗になれるワケではありません。からだの動かし方のクセや生活習慣により、そう簡単には改善できない場合が多いのです。だから最初にすべきは、ハードな筋トレでも食事制限でもなく、凝り固まった全身の筋膜（筋肉を包み込んでいる膜のこと）をほぐしてあげること。筋膜をほぐすことで関節の可動域が広がり動かしやすく巡りやすい、痩せやすいからだになれる。星野さん直伝の「ほぐピラ」は、まさにその目的に最適なメソッド！

最初は小さく、だんだん大きくが鉄則

今回紹介するものはすべて、わたしのからだを変えてくれたトレーニング。最大限の効果を得るために覚えていていただきたいのは「まずは小さな動きから始める」こと。小さな動きは深層の筋肉につたわりやすく、ほぐれにくい大人のからだの頑固な滞りを効率的にほぐしてくれるから。例えばある動きを20回行う場合、最初の10回は小さく動き、残りの10回でだんだん動きを大きくしていく（無理のない範囲で）のがおすすめ。

「ほぐピラ」トレーニングメニュー

「ほぐピラ」トレーニンググッズ

わたしが愛用しているトレーニンググッズたち。これさえあれば、自宅で思う存分「ほぐピラ」を行うことが可能に。

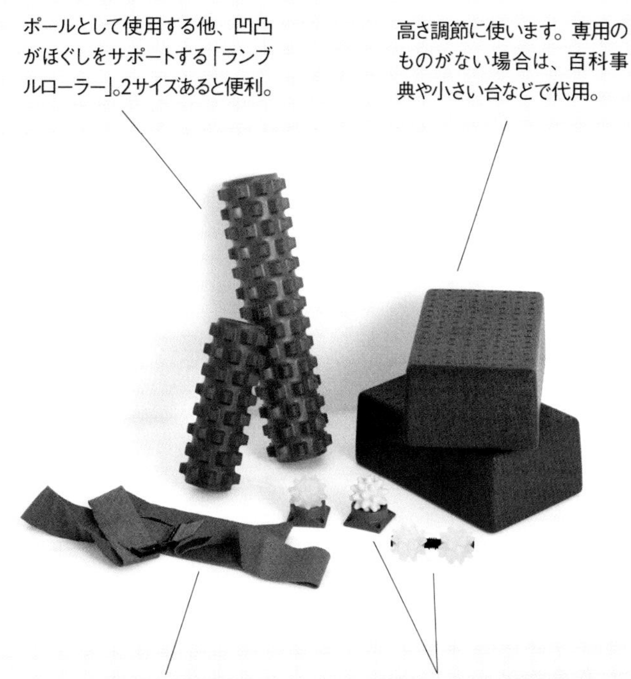

ポールとして使用する他、凹凸がほぐしをサポートする「ランブルローラー」。2サイズあると便利。

高さ調節に使います。専用のものがない場合は、百科事典や小さい台などで代用。

トレーニングで使うほか、デスクワークの際に使えば骨盤ケアが簡単にできる「ラクナール」。

ピンポイントに筋膜をほぐしたいときはこちらの「ビースティ・ボール」（左のふたつ）と、ふたつつなげた形の「ビースティ・ピーナッツ」（右）を使用。

トレーニンググッズの代わりに

ラップの芯に2つ折りのフェイスタオルを巻きつけ両端を2箇所輪ゴムで止めて、凹凸を作ったものやテニスボールで代用。

星野由香

今回のトレーニングを監修。「ほぐし」と「ピラティス」を融合した独自のボディメイク術である「ほぐピラ」で、悩める女性たちのからだを次々と美しく生まれ変わらせている。女優やモデルなど著名人からの信頼も厚い敏腕トレーナー。トレーニングのコツがわかるインスタグラム（yuka.hoshino222）の動画も必見。

ボディトレーニングの
商品情報はP.183「神崎カタログ」へ

※本書のメソッドは、効果・効用には個人差があります。事故やトラブルに関して本書は責任を負いかねますので、あくまでも自己責任において
ご活用をお願いいたします。本書のメソッドを行うことに心配や不安がある場合は、専門家や専門医にご相談のうえお試しください。

首(下)

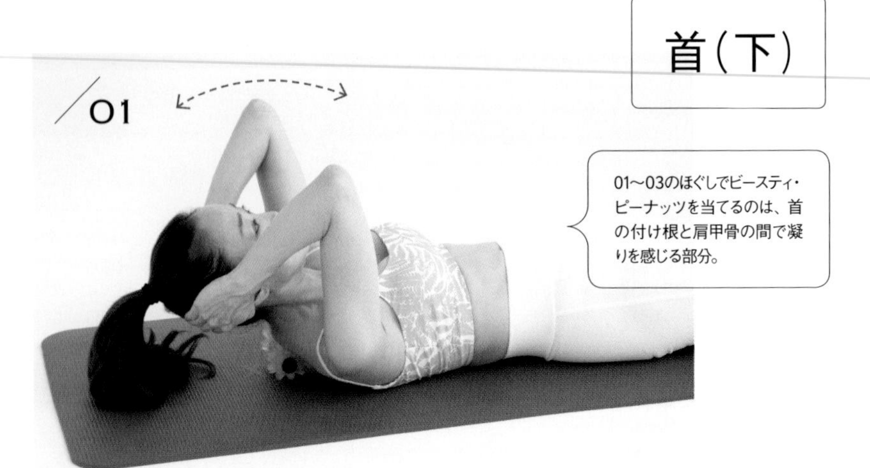

後頭部を両手でしっかりと支えて、からだを矢印の方向に上下に10〜30回動かす。

STRETCH

首のラインを綺麗に

顔を右に向ける。肩をなるべく下げ、あごではなく鼻を動かすイメージで。

NECK

[首ほぐし]

スマホの影響や長時間のデスクワーク、姿勢の悪さなどで、首が太く、短くなってしまうひとが増えています。首を美しくするには、首だけでなく背中や後頭部などをまずはしっかりほぐしましょう。このストレッチは首だけでなく眼精疲労やガチガチ頭皮の解消にも効きます。

そのまま左に顔を向ける。左右を10〜30セット。痛みが強い場合は無理せず!

CHECK!

ほぐす場所はボールやローラーを当てているところですが、効いている(力が入っている)場所は水色のマークのところです。

= 効いている場所

これを使用

首(上)

01

ピーナッツを当てるのは、ぼんのくぼから後頭骨の間の凝っている部分。

02

あごではなく鼻を動かすように意識して、顔を右に向ける。

03

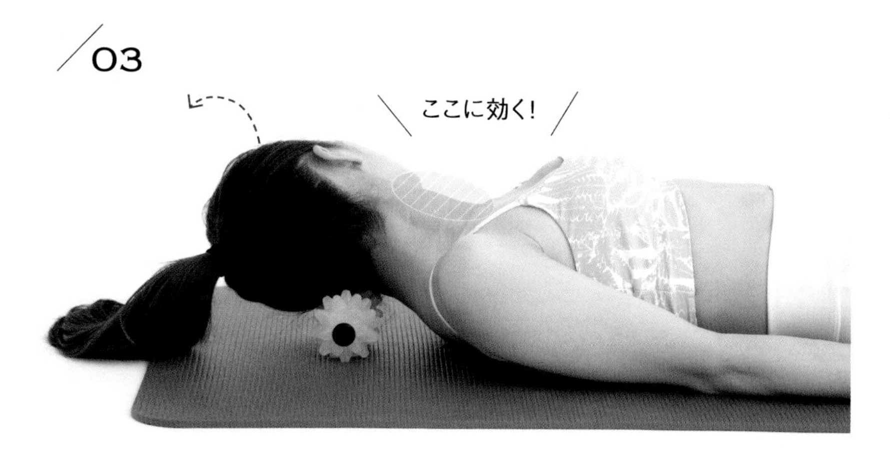

今度は左に。左右で10〜30セット。余裕があるなら鼻先で円を10回描く。

NECK

［首のエクササイズ］

しなやかな首のラインを作るには、猫背解消が大事。背中がまるくなる原因である胸部の背骨まわりにアプローチしてやわらかくしつつ、腹筋・背筋をしっかり使うことで猫背を解消していきます。ただし首まわりはとってもデリケートな部分。痛めないように、無理のない範囲で始めましょう。

EXERCISE

首のラインを
綺麗に

背骨

01〜02の動きでローラー（スモール）を当てるのは肩甲骨の下、ブラのホックのあたり。足は肩幅に開く。

お尻を床につけてローラーを背中に当てる。目線はまっすぐ前を向き、背中はできるだけまっすぐに。脚は腰幅に。ただし膝が外を向かないよう注意。

腹筋に力を入れ、お尻をゆっくりと上げて肩から下を床と水平に。同じようにゆっくりお尻を下げて01の位置に戻る。これを10〜20回。

首の左右ふり

右ページのお尻を上げた状態のままからだを右にひねる。腹筋に力を入れ、肩の力を抜いて行う。

今度はからだを左にひねる。これを20〜30回。からだがグラグラする場合は、お尻を床につけたままでOK。

ローラーがない場合には、P127のお手製ローラーでもOK。硬さが欲しい場合には、雑誌などを巻くのもおすすめ。

＝ 効いている場所

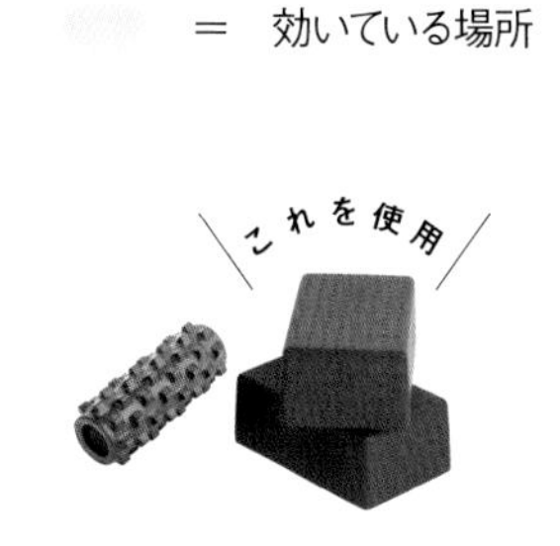

デコルテ前後

このページでローラー（スモール）を当てるのは、鎖骨とバストトップの中間。足は肩幅に開く。

EXERCISE

首のラインを
綺麗に

/01

あごを引き、首の後ろをのばして、頭を下げた状態でスタート。当てた部分の痛みが強い場合にはお尻をやや高く上げて。

/02

首の後ろの筋肉を意識しながら頭が床と平行になるまでゆっくり起こす。これを10〜20回繰り返す。

お尻を上げても痛みが強い場合は、ローラーの上にタオルをしくか、P127のお手製ローラーなどに切り替えて。

前から見るとローラーはこの位置。

NECK

［首のエクササイズ］

= 効いている場所

これを使用

HOSHINO'S ADVICE

星野先生アドバイス

鎖骨の下から肩の前側までをうまく当てて、首を1センチでもより長くする気持ちで動かしましょう。痛みが強い場合には無理をせず!

デコルテ左右

/01

腰を反らしすぎない

膝の位置を右ページよりやや後ろにずらし、床と上半身を平行にして鼻を左に。体勢が辛い場合は頭を下げて。

/02

ここに効く!

同じ体勢で鼻を右に向ける。これを20回繰り返す。首の後ろの筋肉を意識しながら行って。

UPPER ARMS

[二の腕ほぐし]

たるんだ二の腕は、長い時間をかけてカチコチになって固まってしまった筋肉をほぐして、やわらかな状態に戻してあげることが大事。まずは、トレーニンググッズを使った徹底的なほぐしからスタート!

肘先

ビースティ・ボールを肘の少し下くらいに当てる。

ボールを転がしながら肘先を前後に動かす。これを90秒〜3分以内繰り返す。このほぐしは首凝りにも効果的。両腕行う。

二の腕

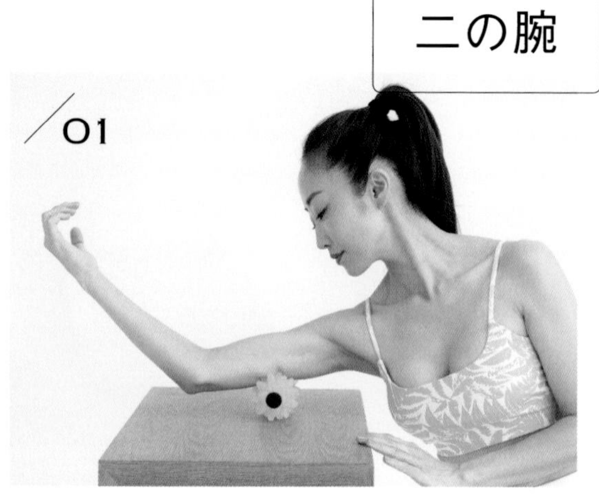

二の腕の太さが気になる部分に、ビースティ・ピーナッツをセット。

ピーナッツを転がしながら腕を前後に動かす。
これを90秒〜3分以内繰り返す。両腕行う。

二の腕左右

/01

ピーナッツは二の腕の下側で当てた際に、一番痛い部分に当てる。

/02

腕相撲をするときのように腕を上げる→倒すを90秒〜3分以内繰り返す。両腕行う。

腕ひねり

/01

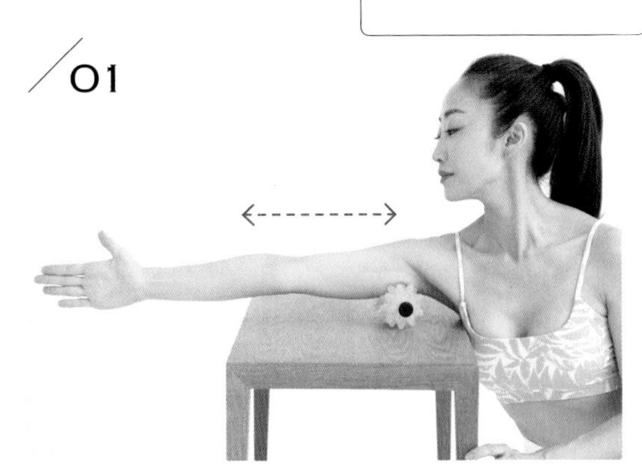

腕をまっすぐ伸ばし、脇の手前にピーナッツをセットし前後に転がす。

/02

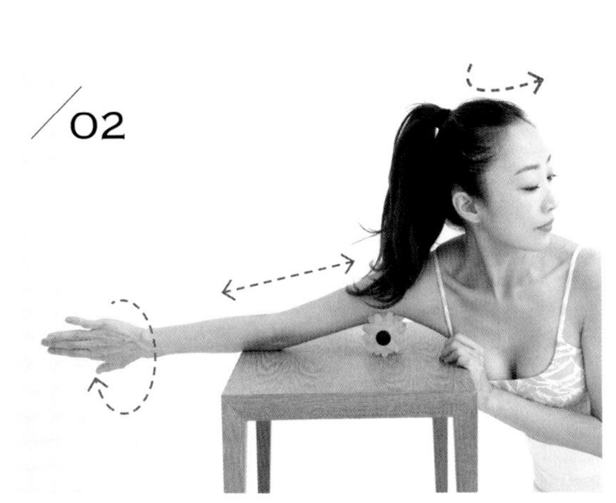

手のひらを外側に向け、顔は反対側の腕のほうに向ける。その状態で01と同じようにピーナッツを前後に転がす。両腕行う。

UPPER ARMS

[二の腕ほぐし]

脇の下やその周辺、肩の前側、背中、肩甲骨まわりをほぐすことが、ほっそりとした二の腕には必要不可欠。腕の動きがスムーズになることで、日常の動作がしやすくなるだけでなく、より細くなりやすいからだにも。

= 効いている場所

STRETCH

二の腕を引きしめる

＼これを使用／

脇

ローラー（スモール）を台にのせて脇の下にセット。

肘を曲げて腕を左右に動かす。これを10〜20回繰り返す。両腕行う。

二の腕〜脇

台にのせたローラーに脇の下を当て、手のひらを上に向けて腕をまっすぐのばす。

ローラーを手前に転がし脇腹を上に持ち上げる。背骨が“C”の字を描くようにまるくなるのを意識して。両腕行う。

脇の前

台にのせたローラーを肩の前側（鎖骨のやや下）に当て、腕をまっすぐ後ろにのばす。

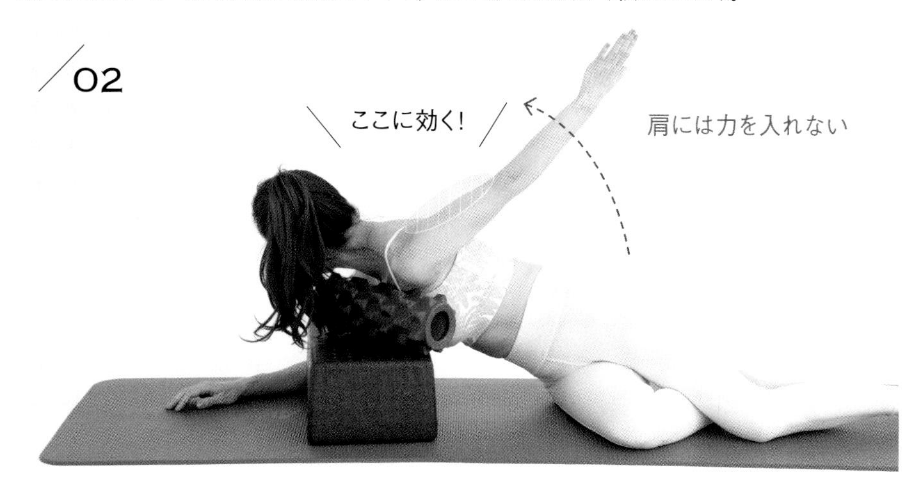

胸の上（脇の前）のお肉を潰す感覚で腕を上げ下げする。これを20〜30回繰り返す。両腕行う。

壁を使って立って行う場合は

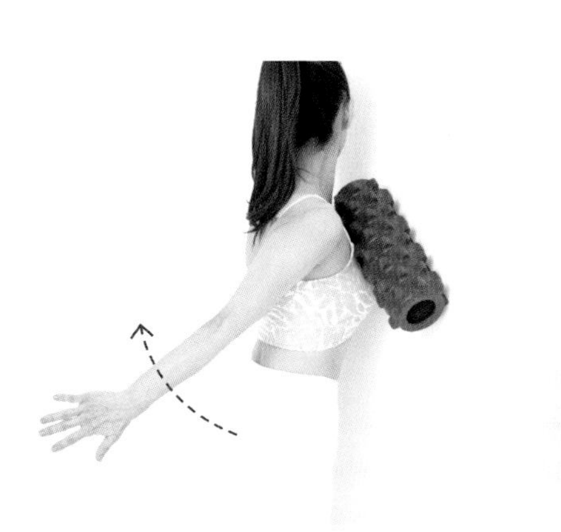

肩の前側にローラーを当てて、壁に押しつけて腕をゆっくり上げ下げ。これを20〜30回、両腕行う。不安定な場合は、片方の腕でローラーを支えながら行う。

UPPER ARMS & SCAPULA

[二の腕&肩甲骨エクササイズ]

肩甲骨を寄せる動きは、背中まわりの筋肉に作用するだけでなく肩の関節をスムーズに動かす効果が。それによってリンパの流れがスムーズになり、腕のむくみを解消！ スラリとした二の腕が手に入ります。

EXERCISE

二の腕を引きしめる

膝立ちをして骨盤を少し前に突き出す。背骨は軽く反らせ、まっすぐのばした両腕を後ろに軽く引く。

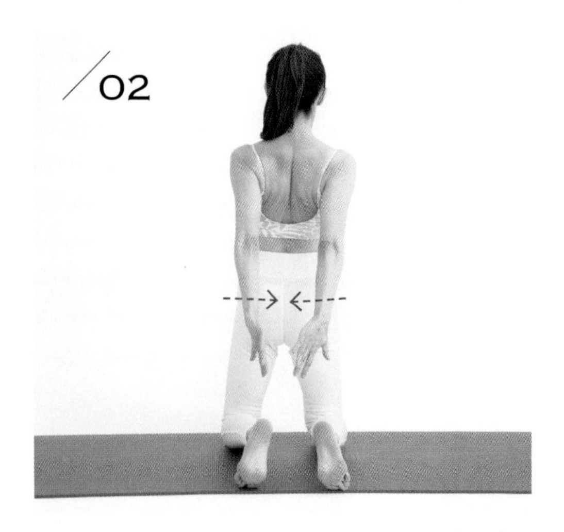

肩甲骨の間の筋肉をギュッと挟むように、両腕を引き寄せる。

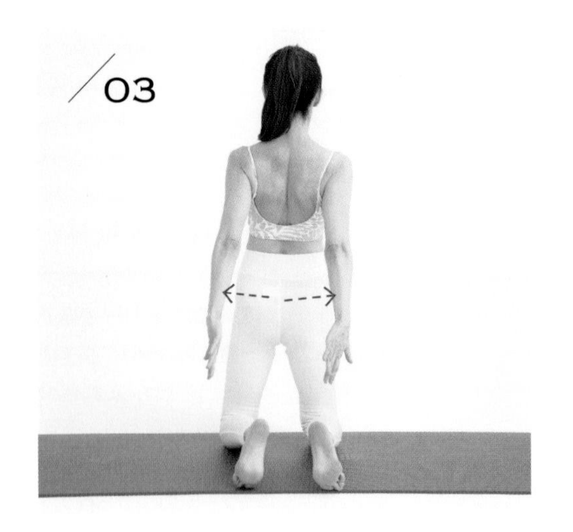

力を抜いて両腕を開く。肩に力が入ってしまう場合は肘を曲げて。

HOSHINO'S ADVICE
星野先生アドバイス

背中で肩甲骨がすべるように動いていることを感じながら行って。肩甲骨のシルエットを出すためにも効果的なエクササイズです。

ゴムを使う場合

01

姿勢は右ページ01と同じ。ゴムを使うことで骨盤が安定して動きやすくなる。

02

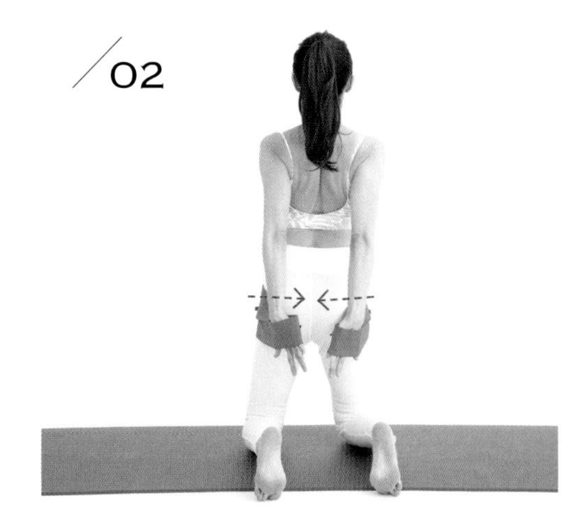

肩甲骨の間の筋肉をギュッと挟むように、両腕を引き寄せる。

03

力を抜いて両腕を開く。肩に力が入ってしまう場合は肘を曲げて。

STRETCH

バストアップ

鎖骨の下に当てたビースティ・ボールを左右に動かしたり、円を描いたりといろんな方向に転がす。これを30〜90秒。

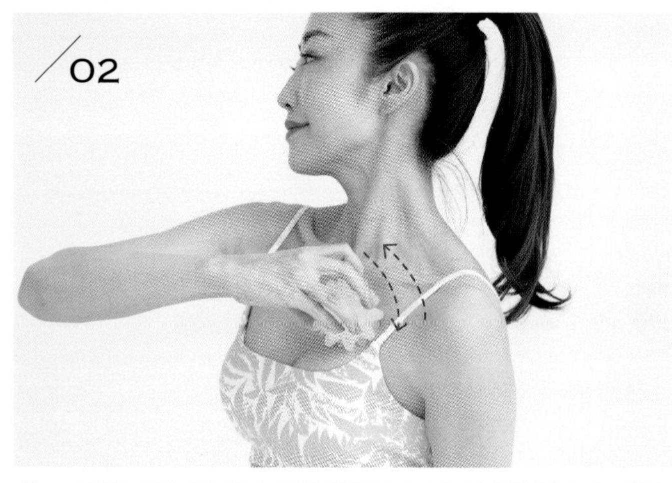

ボールを鎖骨の下に押し当て、手首を回転させて当てた部分をねじる。鎖骨より下のデコルテ全体をまんべんなく。

手首をねじるように動かすことで、より細かくほぐすことができる。反対側の鎖骨も同様に。

DÉCOLLETÉ

［デコルテほぐし］

バストの下垂は、重力の影響だけでなくデコルテ付近の筋膜が固まることでも加速します。この筋膜をしっかりほぐすと、バストを支える筋肉に作用してふっくらとまるみを帯びた形に。そげた胸に悩んでいる人におすすめ！

EXERCISE

バストアップ

BUST UP

［バストアップ
エクササイズ］

右ページでしっかりほぐしたデコルテまわりをエクササイズで鍛えることで、キュンと上がったバストに！ バストと関係の深い二の腕も一緒に鍛えられます。スラリとした腕と上がったバストが手に入ります。

／01

必要以上に
腰を反らせない

膝を床につき、両足は肩幅に開く。両手は腕立てをするときのようにからだの横に。スツールは低いほど負荷が大きくなるのでちょうどいい高さを選んで。

／02

背筋をのばし、息を吐きながらゆっくりとからだを起こす。これを12〜15回。

辛い場合には

壁から10センチほど離れた位置に横向きに立ち、壁と反対側の手で壁をギュッと押しながらからだを反らせる。これを12〜15回繰り返す。反対側も同様に。

BACK
［背中ほぐし］

ここで行うほぐしは背中の中心、背骨の縦に綺麗なくぼみを作るためのもの。ローラーの上でからだを揺らすことで、背中の深いところにアプローチ。肩甲骨など、背中の可動域が広がるので、たるみのない、すっきりとした背中になれます。

STRETCH
背中のラインを綺麗に

背中（前）

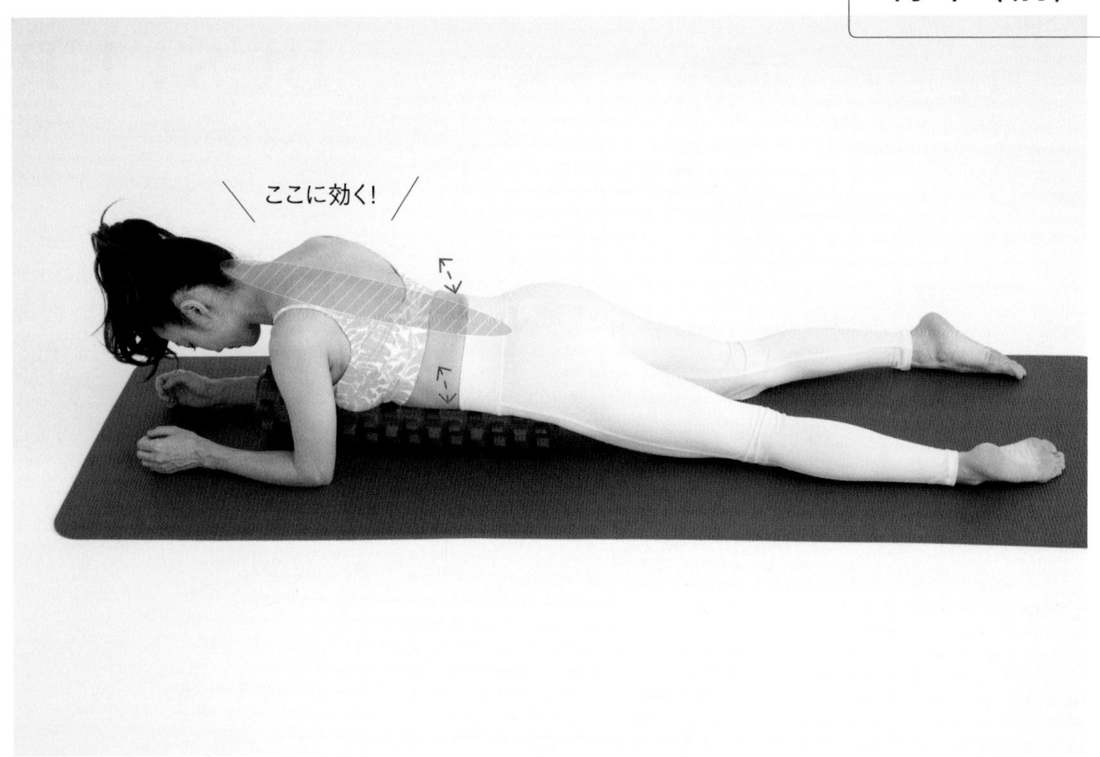

ローラーにうつ伏せにのる。当てる部分は身長にもよるが胸の谷間〜恥骨の手前まで。安定するように肘で軽くからだを支え、両脚は広く開いて。その状態で左右に小刻みにからだを揺らす。これを、30〜90秒。

CHECK!

ほぐす場所はボールやローラーを当てているところですが、効いている（力が入っている）場所は水色のマークのところです。

= 効いている場所

HOSHINO'S ADVICE
星野先生アドバイス

睡眠不足や、姿勢が悪い状態で長時間過ごすひとに。からだの前面には女性にとって大事なツボも多いので小刻みな動きでほぐして。

これを使用

背中（後ろ）

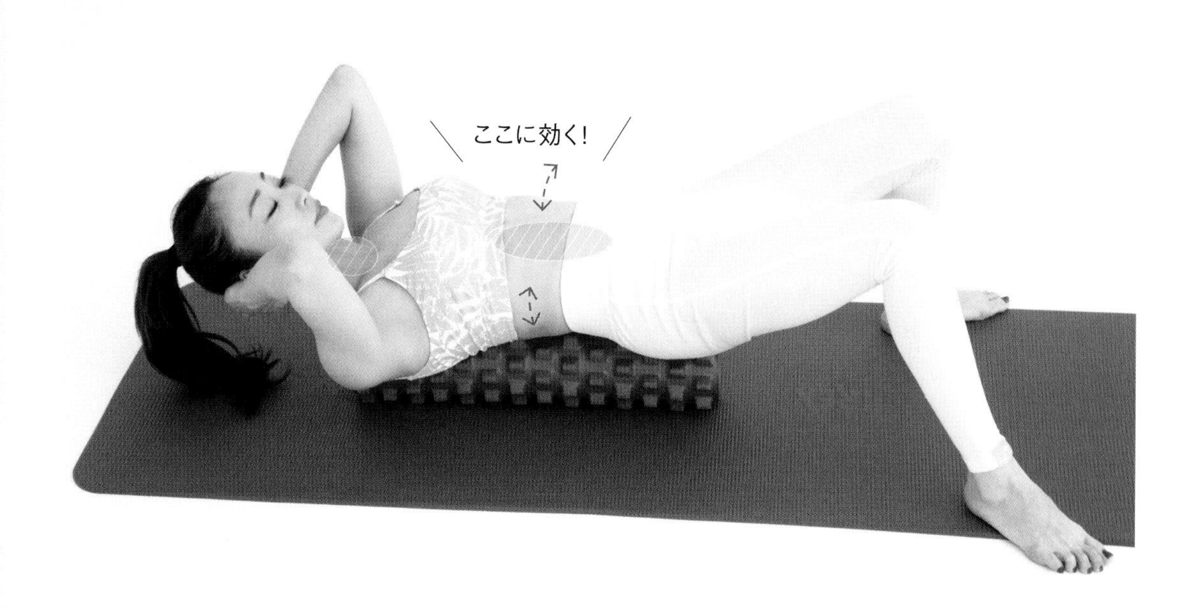

ローラーの上に仰向けでのり、両手で首を軽く支える。辛い場合は、うなじのあたりからのせてもOK。転がり落ちないように足幅は広めにキープして。その状態で左右に小刻みにからだを揺らす。これを30〜90秒。

BACK

［背中エクササイズ］

背骨まわりを鍛えることで、背中全体を美しく。腰周辺のたるみもなくなり、背中の開いたドレスが似合うからだに。姿勢の悪さや筋肉の衰えで、短くなった首もすっきりと。背中がのびるので横に潰れたおへそも縦にのびます。

EXERCISE

背中のラインを
綺麗に

上半身起こし

うつ伏せになって両手をのばし、両手の肘下にビースティ・ボールを当て、脚は肩幅より広めに開いておく。

これを使用

＝ 効いている場所

HOSHINO'S ADVICE
星野先生アドバイス

最初はうまく上体を起こせなくても、背中を使って軽く反らすように続けているうちに、二の腕、背中、お尻がしなやかに。

02

息を吐きながら背中と腹筋に力を入れ、肘下のボールを手首方向に転がしながら上体を起こす。肩を下げるよう意識。

03

上がりきったら、息を吸いながら上体をゆっくりと01の位置に戻す。その際、背中と腹筋は力を入れたまま行うこと。

BACK

［背中エクササイズ］

EXERCISE

背中のラインを
綺麗に

ブラジャーの紐にのる、お肉に効くエクササイズです。“ひねる”という動きを行うことで背中の筋膜や肩甲骨まわりがほぐれてスラリと。首の凝りにも効果的です。また、呼吸が浅い人にもぜひ行ってほしい！　楽に深い呼吸ができるように。

左右ひねり

うつ伏せになり上体を起こす。お腹を引っ込めて肘を肩の真下に置き、両肩を下げて首を長くキープ。両脚は肩幅に。

HOSHINO'S ADVICE
星野先生アドバイス

振り返る側の肩をお尻の方向に引きながら行うときちんと肩甲骨が下がり、肩凝りにも効果的。左右で振り返りやすさに差がある場合には、やりやすいほうから始めてください。

02

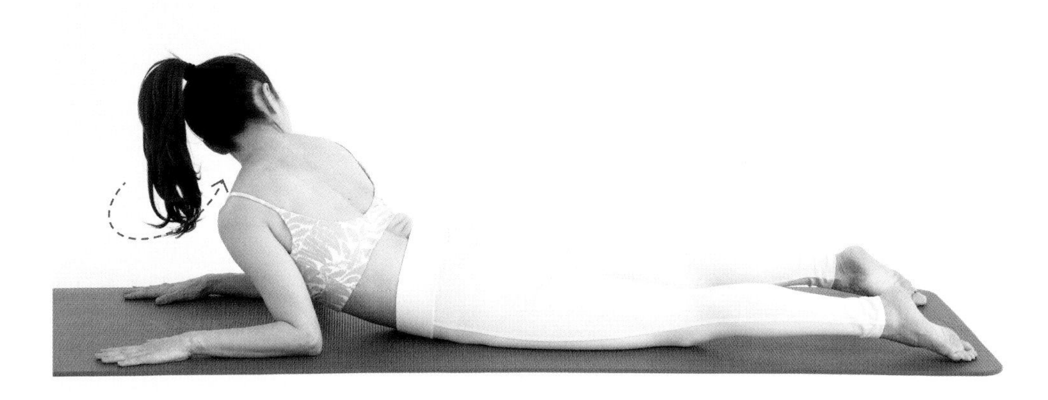

首の高さを01と同じにキープしたまま肩越しにつま先を見るようにゆっくり振り返り、01のポジションに戻る。

03

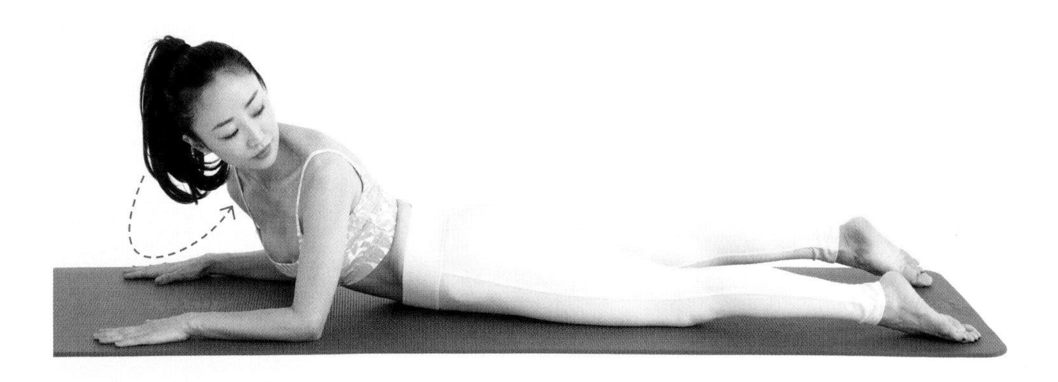

反対側も同様に。振り返りながら鼻から息を吸い、吐きながら元に戻す。これを8〜12回。

WAIST

[くびれエクササイズ]

脇腹は、肋骨が近いので無理にほぐしを行わず、「ほぐす」と「鍛える」を同時に行いましょう。ローラーを使った"ひねる"エクササイズで、脇腹をゆるめてキュッとくびれたウエストのラインを目指します。

EXERCISE

ウエストのくびれを作る

脇腹しめ

ローラーをアンダーバストのあたりに当て、下側の腕で頭を支え、反対側の手はローラーの上に。脚はクロスし、安定させる。痛みがある場合はローラーの上にタオルをしいて。

ローラーを手で押しながら上体を起こす。小さい動きでも十分に効いているので無理せず！　ローラーに当たっていないほうの脇腹の肉をギュッと潰すように。これを10〜20回繰り返す。反対側も同様に。

腰のねじり

＝ 効いている場所

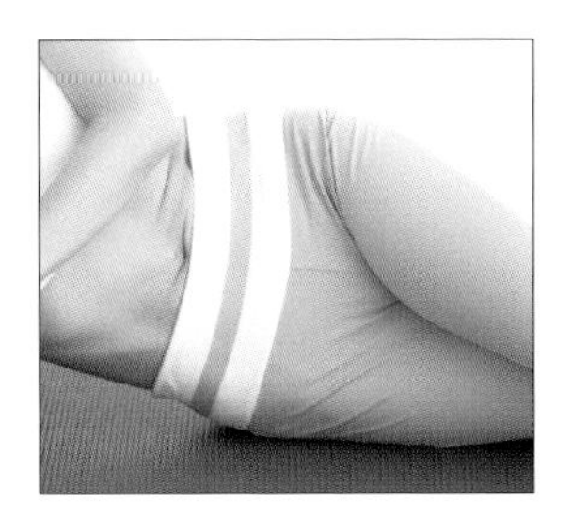

ローラーを台の上にのせて高さを出し、片方の脇をローラーに当てる。腰は床につけたままでスタンバイ。

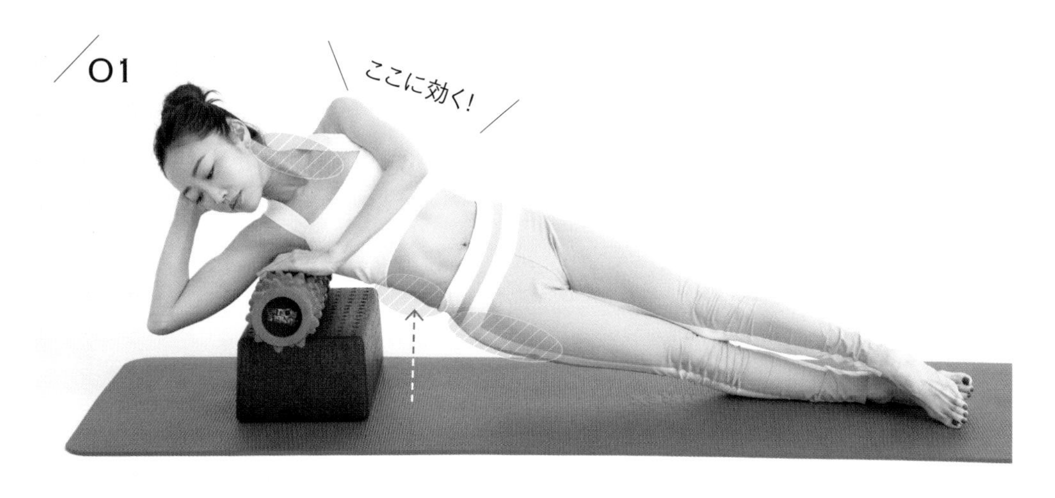

脇を当てたほうの手で頭を軽く支え、もう片方の手はローラーの上に添えて、ゆっくりお腹からお尻を持ち上げる。両脚はのばすか、辛い場合は膝を曲げてもOK。

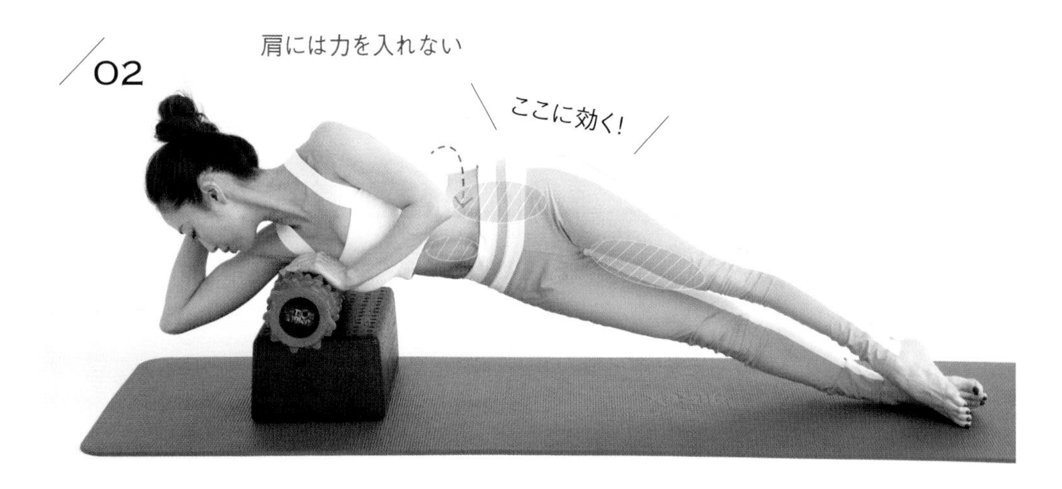

01の状態よりさらにお腹からお尻を上に引き上げ、腰を小さくひねる。からだを少し前側に倒しながら。反対側も同様に。

上半身ひねり

EXERCISE

ウエストのくびれを作る

/01

ブラの紐のあたりにローラーを当て両手の親指同士を合わせる。首をまっすぐ保ち、膝を曲げて両脚をそろえてからだを安定させる。

/02

息を吐きながら上半身をひねって両腕をからだの右側に。指先を見ながら、顔も両腕と一緒に動かす。

/03

反対側も同様に。見た目よりキツい動きなので小さい動きから始めて徐々に大きく。これを20〜30回。

WAIST

［くびれエクササイズ］

背中が凝り固まってしまうと、からだがひねりにくくなります。すると骨盤がうまく動かなくなり、結果くびれのないずんどうなからだに。このエクササイズでは、ローラーを使って、背中をほぐしながらしっかりひねって、美しいくびれに。

これを使用

= 効いている場所

下半身ひねり

/01

腰にローラーを当てる。膝は曲げて両足はそろえる。すべらないように両手でローラーを軽く押しながらお尻を少し浮かせる。

/02

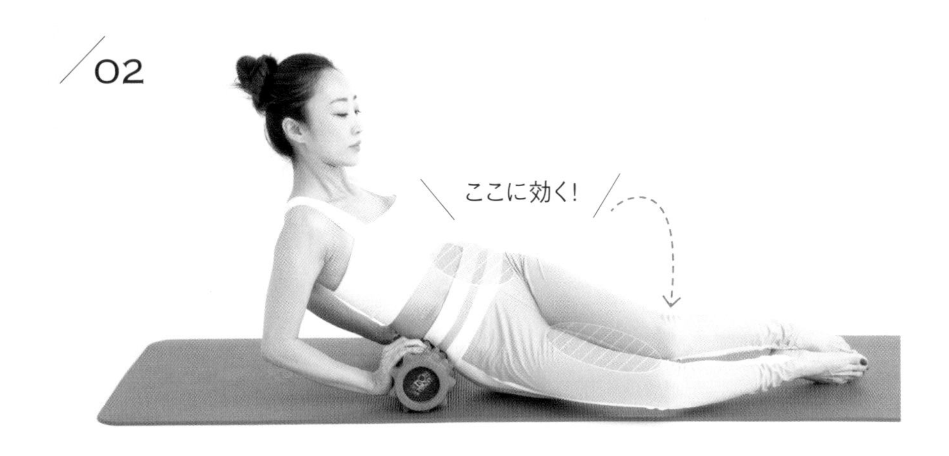

両膝を右側にパタンと倒す。首を立てて目線は膝に。また、膝は閉じておくのがポイント。膝を閉じるのが難しい場合にはタオルやクッションを挟んで行って。

/03

反対側も同様に。辛い場合はお尻は床についたままでもOK。これを10往復行う。

WAIST

［ウエストの縦線エクササイズ］

くびれる、お腹をぺったんこにする以外に、大切なのが“お腹の縦線”。おへその両端に2本、スッとラインが入るとただ細いだけではない、引しまったお腹になれます。腹筋の上部に働きかけるエクササイズで、効率的に引きしめて。

EXERCISE

ウエストのくびれを作る

腹筋

肩は力まない
どうしても力が入ってしまう場合は
腕を少し前のほうに

背中（おへその裏側あたり）にローラーを当てて、二の腕で頬骨を挟むようにして両腕をのばす。
お尻は少し浮かせる。

これを使用

HOSHINO'S ADVICE
星野先生アドバイス

腕は顔の横か、やや前に。後ろに引かないこと。慣れないうちは胸の前で腕をクロスするとバランスが取りやすくなります。

CHECK!

ほぐす場所はボールやローラーを当てているところですが、効いている（力が入っている）場所は水色のマークのところです。

＝　効いている場所

息を吸いながらからだを少しだけ起こし、吐きながら元に戻す。これを8〜10回繰り返す。腹筋を意識しながら行う。

HIP

［股関節ほぐし］

= 効いている場所

座りっぱなしや重力の影響で大人のお尻は単に垂れるだけでなく、四角くなりがち。まるく、立体感のあるお尻にするためにはまず股関節をほぐすことが必要。股関節が柔軟に動くようになると足のむくみも解消します。

これを使用

STRETCH

まるいお尻を
作る

股関節（横から後ろ）

/01

脚の付け根にローラーを当てて膝を90度に曲げる。からだの下側の腕をまっすぐ伸ばして頭をのせ、反対側の手は胸の前に軽く添える。

/02

息を吐きながら膝をゆっくりと開く。股関節の動きを意識しながら。反対側も同様に。

股関節（前）

/01 上側の腕は力を入れない

片脚のそけい部をローラーに当て、もう片方の脚の膝を曲げる。からだの下側の腕をまっすぐのばして頭をのせ、反対側の手は胸の前に軽く添える。

/02

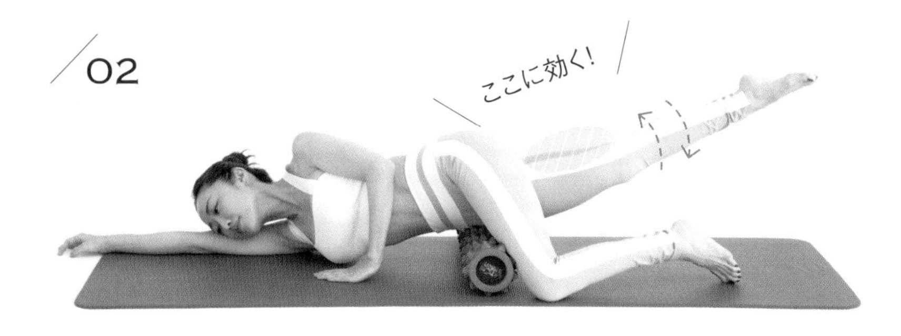

そけい部を当てたほうの足をのばしたままゆっくり上げ下げ。これを10〜20回。もも裏、お尻への負荷を意識して。反対側も同様に。

股関節（前）

/01 腕や肩はリラックスする

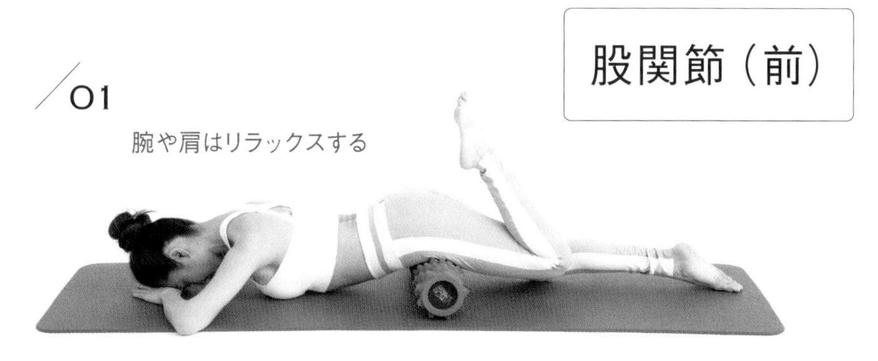

うつ伏せになり太ももの付け根にローラーを当てる。片脚の膝を曲げる。痛みがある場合はみぞおちからお腹にタオルを当てても。

/02

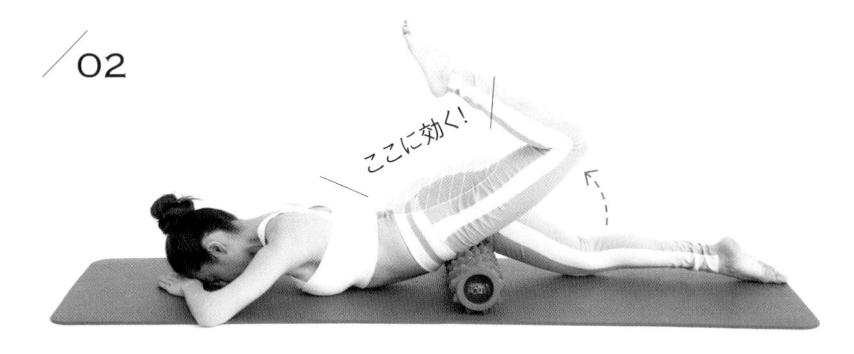

つま先を上に上げるのではなく、頭（つむじ）に近づける。これを15〜30回。反対側も同様に。

HIP

［お尻エクササイズ］

まるみのあるお尻を目指すエクササイズ。お尻の上側を鍛えることで、お尻をキュッと引き上げ、さらにサイドにまるみを持たせることができます。ヒップアップすることで、脚とお尻の境目もくっきり。デニムの似合う、お尻になれます。

EXERCISE

まるいお尻を作る

お尻（横）

四つ這いになり、両足は肩幅に開いて背中はまっすぐ。片手は肩の真下、脚を持ち上げるほうの手を少し引く。

= 効いている場所

HOSHINO'S ADVICE
星野先生アドバイス
膝をしっかり外側に向けて開いていくと、
お尻のサイドに効いているのがわかるはず。
目で見て確認しながら行いましょう。

02

片脚を真横に開いて床と水平に。肩越しにつま先が見えるように首を傾ける。背筋はまっすぐのばしたまま。

03

さらに片脚を上げ、水平に戻す。このとき、膝をしっかり外側に向けるようにする。これを30回繰り返す。軌道がグラつかないように注意して。反対側も同様に。

HIP

［お尻エクササイズ］

お腹まわりの筋肉を使いながら、股関節を動かすことで、お尻をキュッと引きしめ！　ローラーや台を使って負荷を正しくかけられるので、効率よくエクササイズの効果が出せます。お尻と脚の境い目がくっきりとして、後ろ姿が美しく！

EXERCISE

まるいお尻を作る

腰からお尻

01

台の上にローラーをのせ、仰向けになって足をそろえて膝裏をのせる。太もも裏のほうが楽な場合はそちらでもOK。両腕は胸前でクロスして。

ローラーに当てた部分が痛む場合は、タオルをしいたりP127のお手製ローラーで行っても。

＝　効いている場所

HOSHINO'S ADVICE
星野先生アドバイス
力がうまく入らない場合は台を高くしてみて。腰からではなく、太ももとお尻の境い目あたりから巻き上げるように上げることがコツ。

02

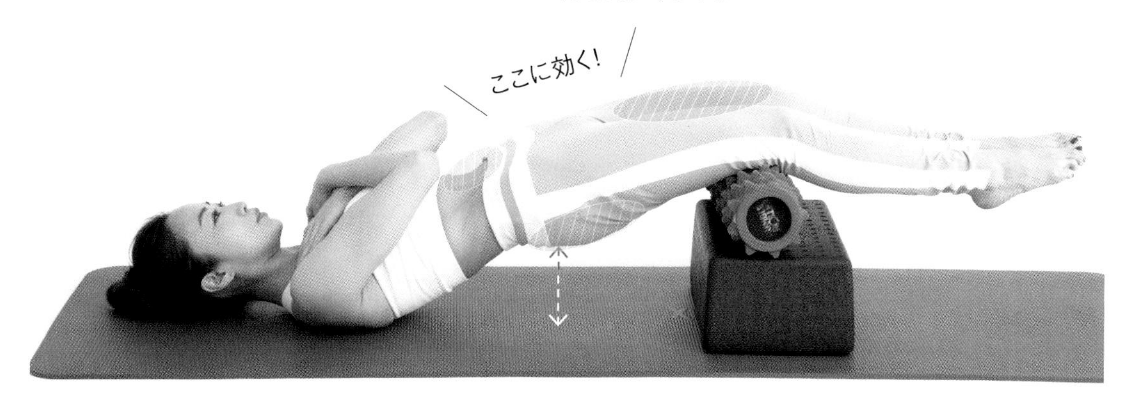

お腹から脚が一直線になるようにお尻をゆっくりと上げ、元の位置に戻す。これを30回。余裕があるなら、膝を内から外に動かしながら。

LEG

［脚ほぐし］

STRETCH

しなやかな脚を作る

足首は硬くなり、内ももの筋肉は衰えやすくなるものです。すね、足の甲、内もも、外ももをそれぞれほぐすことでむくみが流され、しなやかで細い脚に近づけます。

＝ 効いている場所

膝下

四つ這いになり、手は肩の真下に置く。片方の膝下にビースティ・ピーナッツをセット。目線は斜め下に。

ピンポイントにすねや足の甲を刺激するため、あざになりやすいひとはテニスボールにするなど工夫を。

息を吐きながら、ピーナッツを転がし膝をお腹に引き寄せて足の甲まで移動させる。
背骨をまるめる感覚で20〜30回。両脚行う。

内もも

内もも（膝のすぐ上あたり）にローラー（スモール）をセット。
もう片方の脚はマットの上にまっすぐのばしておく。

膝をゆっくり外側に動かし、足の付け根までローラーを移動させる。
凝りを感じる部分は重点的に。これを20〜30回。両脚行う。

外もも

膝を90度に曲げたら、外もも（膝上5センチくらい）にローラーをセット。
もう片方の脚はまっすぐのばしておく。

01の体勢のまま、膝をのばす、曲げるを10回繰り返す。ローラーの位置を少しずつ脚の付け根の方向に動かしながら。両脚行う。

LEG

［脚エクササイズ］

老廃物が溜まりやすい足首のエクササイズ。ローラーを台にのせ、足首をひねる動作をすることで足首のむくみを流してほっそりと。足首だけでなく下半身全体をひねるので、ウエストもすっきり引きしまります。

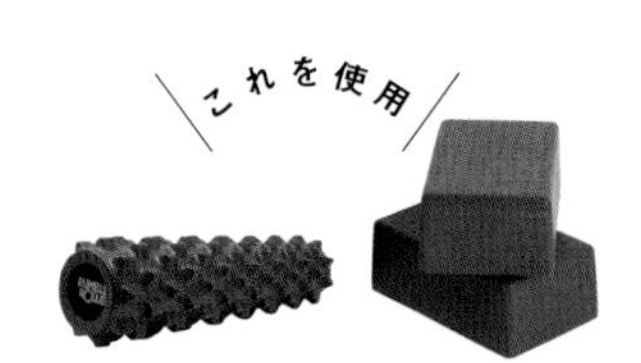

EXERCISE

しなやかな脚を作る

ひねり腰上げ

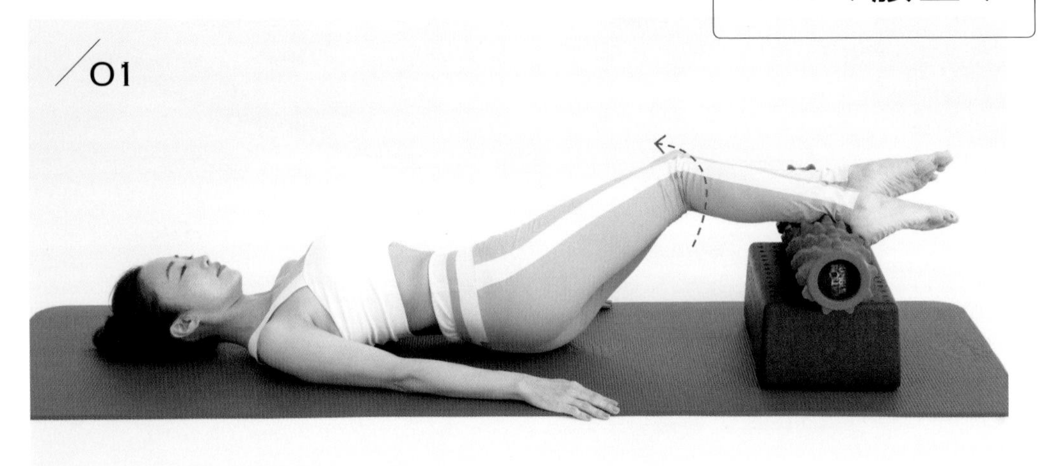

仰向けになり台の上にセットしたローラーの上に足首をのせ、下半身を片側にひねる。
このとき、上半身は正面を向いたまま。

01の体勢のままお腹に力を入れてお尻をゆっくり上げる、下げるを15回〜20回繰り返す。
つま先を下側に向けるように意識するのがポイント。

CHECK!

ほぐす場所はボールやローラーを当てているところですが、効いている（力が入っている）場所は水色のマークのところです。

 ＝ 効いている場所

03

逆向きも同様にスタンバイ。余裕があるなら足首により負荷がかかるように、膝の向きを外側、内側に変えてみるのもおすすめ。

04

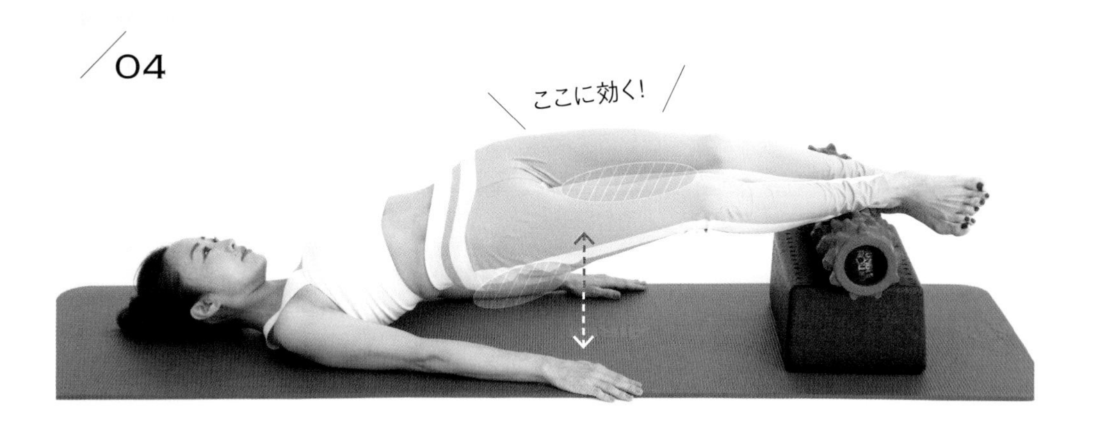

03の体勢のままお腹に力を入れてお尻をゆっくり上げる、下げるを15回〜20回繰り返す。呼吸を止めないことも大切。

LEG
［脚エクササイズ］

骨盤が柔軟に動くようになると、膝下のむくみも解消できるしO脚が解消されてまっすぐな美脚に！　このエクササイズでは、骨盤を繰り返し動かすことでお尻を鍛えることも可能。

EXERCISE
しなやかな脚を作る

＝ 効いている場所

これを使用

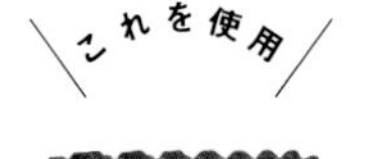

そけい部のばし

01

横向きに寝たら下側の腕をのばして頭をのせる。ローラーに下側の脚の膝下からくるぶしをセット。

上側の脚は膝を立てて、ローラー上の脚のふくらはぎにセット。下側の脚の膝が90度になるように。

頭側から見た位置

脚側から見た位置

HOSHINO'S ADVICE

星野先生アドバイス

このエクササイズは両膝のお皿が外側に向くことで、脚だけでなく、お尻との境い目にある筋肉にもアプローチしています。

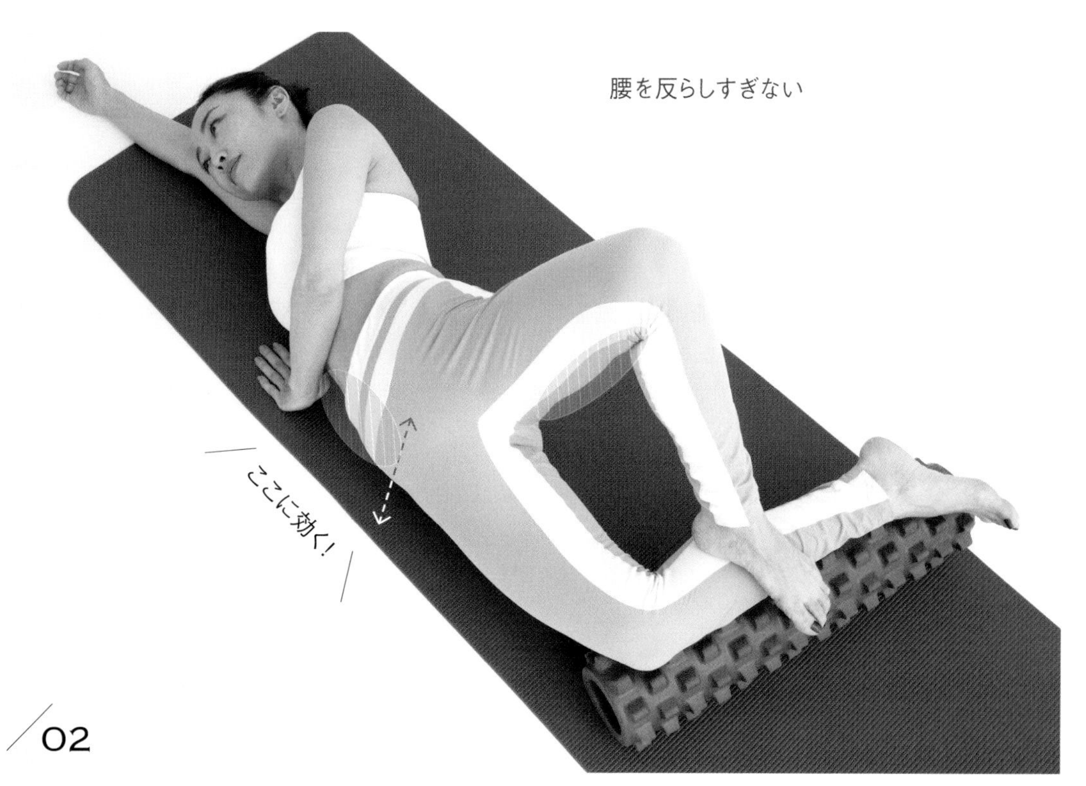

02

上側の脚でふくらはぎを軽く押しつつ、お尻を持ち上げる。これを20〜30回繰り返す。反対側も同様に。

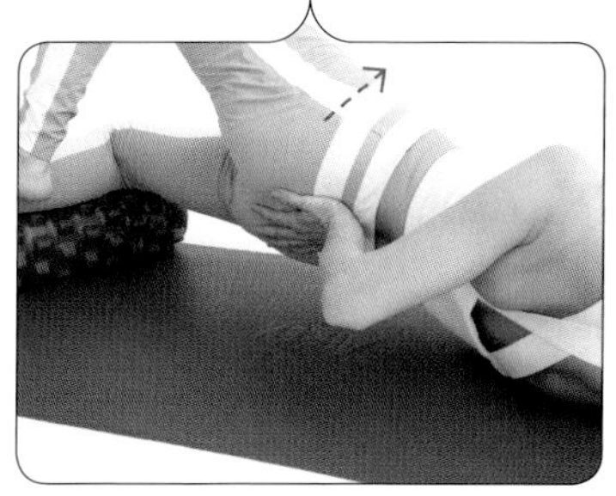

お尻を持ち上げる際、骨盤を軽く前に押し出すようにすると効果アップ。最初のうちはお尻の割れ目あたりに手を添えるとやりやすい。

LEG

［側面エクササイズ］

からだの側面、つまり脇下から脇腹、外ももを引きしめるエクササイズ。姿勢の悪さなどの影響もあり、外ももが張ったり、脇腹がたるんだりと、側面はラインが崩れがち。ローラー（スモール）を使って側面を整えます。

脇下から外もも

外ももの横（膝上あたり）にローラーを当てて、もう片方の脚は膝を立てる。からだの下側の腕はまっすぐにのばし、もう片方の腕は胸横に。顔は斜め下を見るようにして首の負担を軽減。

腕で軽くマットを押すようにしてゆっくりと胸から膝上を持ち上げる、元に戻すを20〜30回繰り返す。
反対側も同様に。

BODY MAKE

HOSHINO'S METHOD "HOGU-PILA"

［〝ほぐピラ〟トレーニング　応用編］

からだの変化を感じたら さらなる高みを目指す！

ここまで紹介したエクササイズを難なくできるようになる頃にはきっと、からだに驚くような変化が訪れているはず。次は、さらなるレベルアップを目指しましょう。難しいけど効果は抜群！　からだがさらに引きしまるだけでなく、複雑な動きの全身運動によって脳の活性化が期待できるといわれています。ただし、絶対に無理は禁物。わたしがこのレベルに至ったのはトレーニングを始めて半年後くらい。それもしっかりからだが整った後でした。怪我のないよう、自分のからだの状態と相談しながらトライしていきましょう。

※本書のメソッドは、効果・効用には個人差があります。
※事故やトラブルに関して本書は責任を負いかねますので、あくまでも自己責任においてご活用をお願いいたします。
※本書のメソッドを行うことに心配や不安がある場合は、専門家や専門医にご相談のうえお試しください。

TOTAL

［全身エクササイズ］

EXERCISE

全身の統合

台をふたつ使った空中エクササイズ。からだの側面を整えることで、女性らしいカーブを描いたシルエットが手に入ります。かなりハードですが、バランスのトレーニングもできるので、インナーマッスルも鍛えられ、強くしなやかな体幹に！

台の上にローラーを置き、脇の下にセット。もう一台の台にもローラー（スモール）を置き、足首をセットして、腰は床のままスタンバイ。

サイドベント（側面引きしめ）

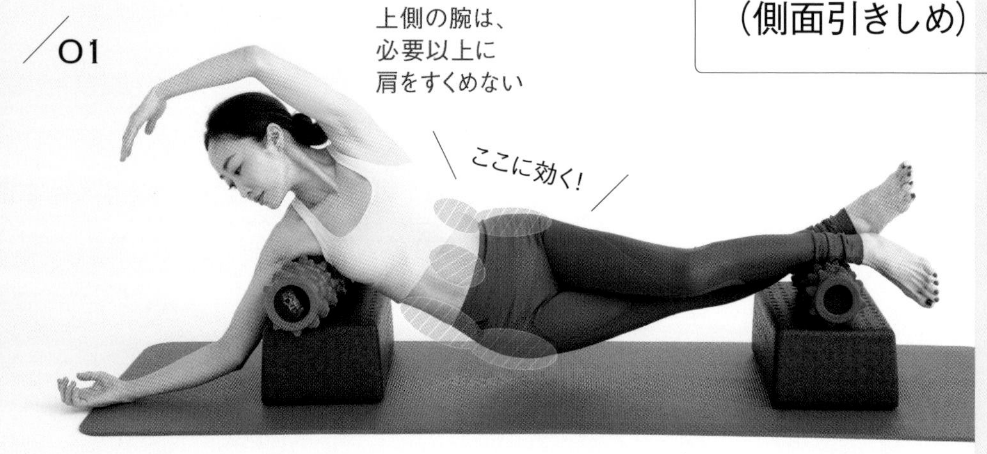

両手は上の形のまま慎重に、上の脚が前にくるように脚をクロスさせる。その状態で腰を少し浮かせ、上の腕は肘を軽く曲げて頭の上にもってくる。

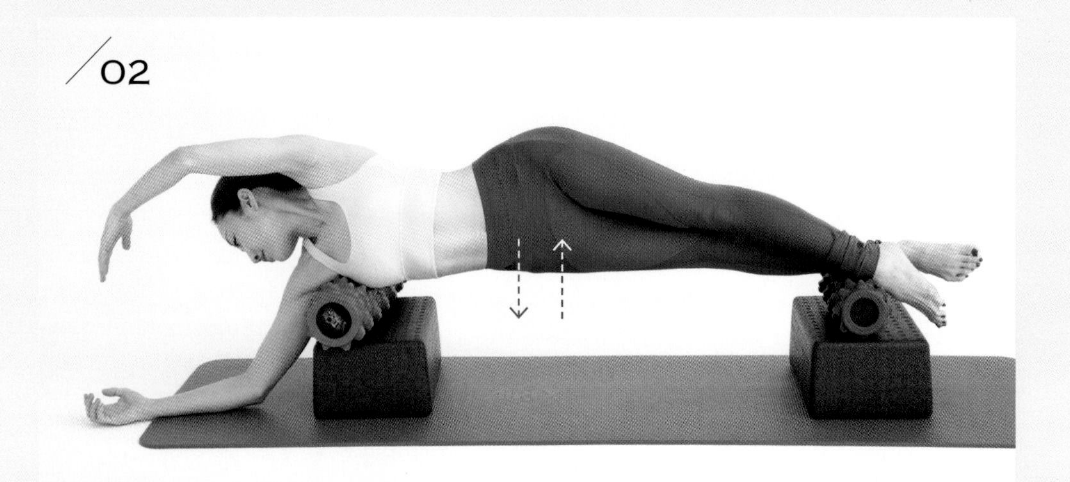

腹筋に力を入れ、腰をできる限り持ち上げる。その後01のポジションにゆっくりと戻す。これを30回。
反対側も同様に。

HOSHINO'S ADVICE
星野先生アドバイス

脇の下が痛い場合は、ローラーを外し台のみで行ってもOK。バランスが取りやすくなります。また回数はあくまで目安。くれぐれも無理せず、できる範囲で。

右ページと同じ形でスタンバイ。両足首をしっかりローラーの上に置いて、ローラーを安定して押さえられるようにしておく。

これを使用

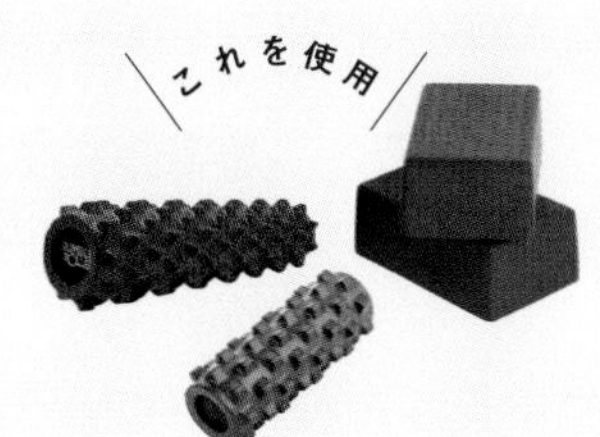

= 効いている場所

ニーツイスト（腰ひねり）

01

両手は上の形のまま慎重に、腰を少し浮かせる。上側の脚でローラーを押さえ、下側の手で床を押さえ、バランスをとりながら、ゆっくりと下側の脚を軽く曲げてローラーからはずす。上側の手は頭の上に。

02

腰をねじりながら、下側の脚をゆっくりと持ち上げる。膝は曲げた状態をキープ。これを30回。
反対側も同様に。

TOTAL

［全身エクササイズ］

このエクササイズは、二の腕や脇腹のたるみ、太もものハリなど、女性の悩みに特化したもの。こちらもかなりハードなので、無理せず少しずつ攻略していきましょう。また、手足で踏ん張る力やのびを感じながら行います。

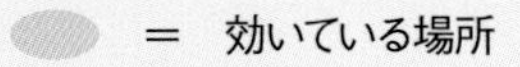

EXERCISE

全身の統合

サイドレッグリスト（横足上げ）

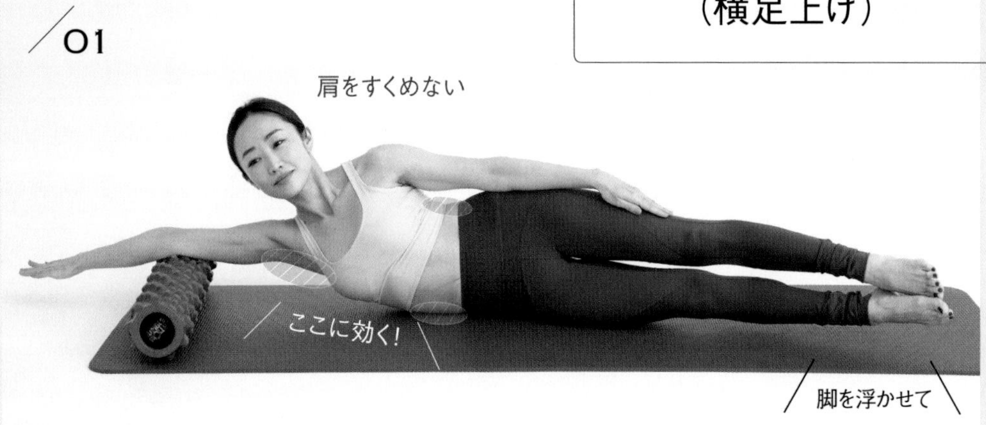

肘の下にローラーを当てて横向きに寝る。もう片方の腕はからだに添わせ、両脚はまっすぐそろえて、マットから軽く浮かす。

ローラーを腕で押さえて転がしながら、上半身を引き上げ、下半身も引き上げて“V”の字に近づける。上半身と下半身が同じ速度で上がるのが理想。反対側も同様に。

HOSHINO'S ADVICE

星野先生アドバイス

このページのエクササイズは量より質。何回できたかではなく、手足ののびやからだの角度などの精度を高めることを目標に!

アラベスク（片足上げ）

01

四つ這いになり、つま先を立てて膝を浮かせる。目線はまっすぐ下に。

02

01の体勢から片脚を天井に向かって上げる。手のひら→肩→つま先までが一直線になるのを目指して。

03

天井に向かって上げた脚を、さらに上に引き上げる。膝をのばすことを意識して。反対側も同様に。

PART 6

CATALOG

神崎カタログ

PART 1

SKINCARE

P.36 クレンジング

バームならではの、洗い上がりのもっちり感が魅力。ローズ&ジンジャーの香りでリラックス。

RMK クレンジングバーム リッチ 100g ¥4,000/RMK Division

クレンジングをするだけで肌に明るさが宿る名品。まるで乳液でお手入れをした後みたいにキメの整った肌に。

リセット クレンジング エマルジョン 150ml ¥4,000/SUQQU

肌にのせるとクリームがコクのあるオイルに変身。洗い流した後のもちっ、プリッとした肌実感が素晴らしい。

B.A クレンジングクリーム 130g ¥10,000/ポーラ

使えば使うほど弾力に満ちた明るい肌に。スキンケア成分で贅沢なメイクオフ。

AQ ミリオリティ リペア クレンジングクリーム n 150g ¥10,000/コスメデコルテ

重ね塗りしたマスカラもくっきりアイラインもティントリップも、負担をかけずにオフできる。頼れるポイントメイクアップリムーバー。

ビファシル 125ml ¥4,500/ランコム

汚れだけを見極めてオフする設計としっとりとした洗い上がりで刺激レス。肌のご機嫌が悪い日にも◎。使用感も心地よい。

オルビス オフクリーム 100g ¥2,300/オルビス

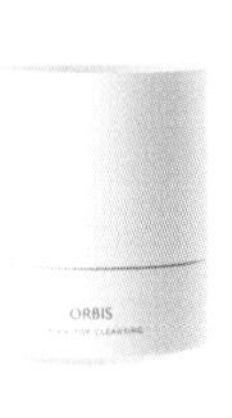

P.37 洗顔料

ねっとりとしたテクスチャーで濃密泡に。乾燥の季節の必需品。

カネボウ コンフォート ストレッチィ ウォッシュ 130g ¥5,000/カネボウインターナショナルDiv.

肌に元気が欲しいときに! ムースみたいにキメ細かな炭酸泡で、巡りのいい肌を目指せる。

オバジX ブーストムースウォッシュ 150g ¥3,000/ロート製薬

むちっとした泡が汚れをしっかり落とすだけでなく、やわらかさとくすみのない晴れやかな肌を実現する名品。

B.A ウォッシュ 100g ¥10,000/ポーラ

米ぬか由来の希少なオイルを配合。洗顔後の肌のなめらかさは、まるでスペシャルケアした後のよう。

センサイ UTM ザ クリーミィ ソープ 洗顔ブラシ付き 125ml ¥15,000/カネボウ化粧品

P.38~ 美容液(スタンダード)

10代の頃に初代を使って以来、溺愛している美容液。翌朝の肌の進化に驚く。

アドバンス ナイト リペア SMR コンプレックス 50ml ¥13,500/エスティ ローダー

高濃度にピュアなビタミンCを配合。毛穴、キメ乱れ、くすみ、乾燥小ジワなどの肌悩みにパワフルにアプローチ。

オバジC25セラム ネオ 12ml ¥10,000/ロート製薬

つるんとなめらかで密度の高い肌になりたいときはコレ。ビタミンAが確かな手応えをくれるから、手放せない。

エンビロン C-クエンスセラム4プラス 35ml ¥22,000/プロティア・ジャパン

ウォーターセラムとオイルセラムの二層式。肌にのせる直前にミックスすることで常にフレッシュな状態で使える!

ダブル セーラム EX 30ml ¥11,000/クラランス

P.38~ 美容液(導入用)

瞬時に肌になじんで、ふっくら。肌をやわらかく、満ち足りた状態にしたいときに手が伸びます。

ル・セラム(医薬部外品) 30ml ¥16,000/クレ・ド・ポー ボーテ

"美肌菌"に着目した美容液。肌の受け入れ態勢ができ、みずみずしいテクスチャーも秀逸。

ジェニフィック アドバンスト N 50ml ¥14,000/ランコム

キメ細かい炭酸泡で肌のスイッチをオン! ちょっぴりお疲れ気味なときでも肌に元気が蘇る。

エスト セラム ワン(医薬部外品) 90g ¥12,000/花王

洗顔後の肌に塗って3分待つだけ。毛穴も目立たなくなるし、キメも整う。その後のお手入れの浸透もアップ。

タカミスキンピール 30ml ¥4,800/タカミ

SKINCARE

P.38~ クリーム

長年、絶対的な信頼を寄せているクリーム。たとえ調子が悪い夜もたっぷり塗れば、翌朝には◎。

クレームドゥ・ラ・メール 60ml ¥36,000／ドゥ・ラ・メール

夜の肌サイクルに着目した処方で寝ている間に肌が生まれ変わったかのような実感に驚きます。

ラ・クレーム（医薬部外品）30g ¥60,000／クレ・ド・ポー ボーテ

ナチュラル成分で作られた高性能クリーム。リッチなテクスチャーも心地よい。

アイディアルクリーム リッチ 45g ¥11,800／FEMMUE

シワやシミ、たるみなどの肌悩みにマルチに対応。うっとりするようなテクスチャーも秀逸。

アプソリュ ソフトクリーム 60ml ¥34,000／ランコム

作りものではないイキイキとした艶を肌に。コクのあるテクスチャーで瞬時に肌へと溶け込んで、ハリと弾力が最高潮に。

B.Aクリーム 30g ¥32,000／ポーラ

ハリと弾力が欲しいときに。たるみをケアして立体的な顔立ちに。

リフトディメンション エンハンスト クリーム 50g ¥10,000／コスメデコルテ

肌の凹凸にピタリと密着。元気のないしぼみ肌に活力が漲る！

カプチュールトータル セル ENGY クリーム 50ml ¥13,000／パルファン・クリスチャン・ディオール

P.48 化粧水

ローズエッセンスなどの働きで、澄んだ肌に導く。

プレステージ ホワイト オレオ エッセンス ローション 150ml ¥16,000／パルファン・クリスチャン・ディオール

独自成分ピテラで90％以上構成されたローション。使うほどに肌が整いメイクののりも上々に。

フェイシャル トリートメント エッセンス 160ml ¥17,000／SK-II

化粧水の概念を覆すほどの実力！大事な撮影にはこれでコットンパックがルーティン。

クラリフィック デュアル エッセンス ローション 150ml ¥11,000／ランコム

高浸透ビタミンCをはじめ、美容成分をたっぷり配合。多彩な肌悩みに全方位にアプローチ。

VC100エッセンスローションEX 150ml ¥4,700／ドクターシーラボ

P.48 クレイ、ゴマージュ

ソフトなスクラブで汚れや古い角質をオフして、レッドクレイで汚れを吸着。なめらかさが復活。

エレメンタリー フェイシャルゴマージュ 100g ¥12,000／ITRIM

週1～2回、普段の洗顔料の代わりに使えば、ごわつきやざらつき、毛穴の詰まりを軽々とオフ。

クレイ ピューリファイング スクラブ 75g ¥5,000／SUQQU

P.49 乳液

ジェル状のミルクは肌なじみも上々。肌の美白力を底上げして、明るく均一な肌トーンを実現！

ホワイトショット MX（医薬部外品）78g ¥11,000／ポーラ

潤い力の高さと肌のトーンアップで選ぶならコレ！美白もばっちり。

エクサージュホワイト ホワイトライズ ミルク III（医薬部外品）200g ¥5,000／アルビオン

SKINCARE

P.49 オイル

官能的な香りでお手入れ時間が楽しく。少量でも肌に潤いがみなぎりふっくら幸福そうな肌に。

ブラックローズ プレシャスオイル 25ml ¥22,000／シスレージャパン

保湿力はしっかりあるのにベタつきのない使用感のオイルは季節を問わず活躍。

アイディアルオイル 30ml ¥6,000／FEMMUE

血行不良や冷えからくるくすみやしぼみに着目。肌に瞬時になじんで、晴れやかな艶肌に変身。

Red B.A オイルセラム 35ml ¥8,000／ポーラ

7種類のオイルが潤いを与え肌のバリア機能にもアプローチ。上質な肌艶を約束するオイル。

アプソリュ プレシャスオイル 30ml ¥28,500／ランコム

P.50 コットンパック用コットン

1枚を5枚にめくれるコットン。天然コットン100%使用で毛羽立たずに摩擦レス。

めくるコットン 大きめサイズ（60×85mm）70枚 ¥316（編集部調べ）／コットン・ラボ

P.51 シートマスク

肌に素早く浸透し10分後には乾燥してシワッと、どんよりしていた肌が明るく。

モイスチュア リポソームマスク 20ml ×6枚入 ¥7,200／コスメデコルテ

濃厚な美容液をヒタヒタに染み込ませた贅沢なマスク。確かな弾力とハリが肌へとみなぎり、艶感もアップ！

セルアドバンスト マスク WR 6枚入り ¥8,000／カバーマーク

紫外線をたくさん浴びたという日にも、頼れる優秀美白マスク。

ホワイトニング ソース ダーム・リバイバル マスク（医薬部外品）6枚入 ¥10,500（編集部調べ）／SK-II

P.51 洗い流さない塗るマスク

睡眠不足が続いたときなどは、これを使って肌を持ち上げます。

プレステージ ローズ キャビア マスク 75ml ¥42,000／パルファン・クリスチャン・ディオール

肌を整えるジェルマスクの中にはローズの花びらがIN。お手入れのモチベーションも上がります。

アプソリュ プレシャスセル ローズマスク 75ml ¥23,000／ランコム

粘度の高いテクスチャーで肌をラッピング。肌にパワフルな水分チャージができるので、乾燥の季節の必需品。

モイスチャーリッチ マスク 70g ¥6,500／SUQQU

P.52 美容器具

ヘアメイクさんの所持率もかなり高め。導入などの美肌ケアのほか表情筋トレーニングなどマルチな一台。

セルキュア4T PLUS ¥164,000／ベレガ

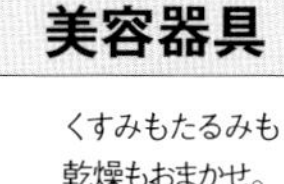

くすみもたるみも乾燥もおまかせ。コスメの効きが高まります。

エンビロン エレクトロソニック DFモバイル スキンケアデバイス ¥63,000／プロティア・ジャパン

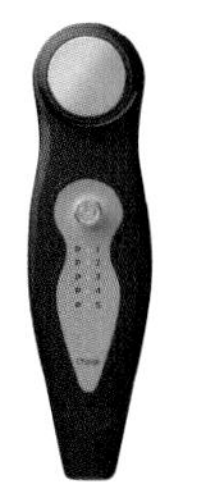

P.51 スチーム

多彩なコースを有した使い勝手のよさが魅力。シートマスクと共に使うと肌の透明度が激変。

スチーマー ナノケア EH-SA9A ¥42,000（編集部調べ）／パナソニック

SKIN CARE

P.52 美容液（シワ用）

敏感肌向けエイジングケアシリーズのシワ改善美容液。さらっとした質感も◎。

アヤナス リンクルO／L コンセントレート 30ml ¥6,500／ディセンシア

ほうれい線も目尻のシワもコレさえあれば怖くない。大人気のシワ改善美容液。

リンクルショット メディカル セラム（医薬部外品）20g ¥13,500／ポーラ

表情ジワも乾燥ジワもおまかせ。今あるシワだけでなく、予防にも使える名品。

セラムリッサーリッズS（医薬部外品）20g ¥30,000／クレ・ド・ポー ボーテ

P.52 美容液（ハリ用）

加齢や酸化ストレスで劣化する肌内のコラーゲンやヒアルロン酸に着目。フレッシュな肌へ。

B.A セラム レブアップ 40ml ¥13,500／ポーラ

年齢を重ねてのっぺりとした印象になる大人にハリと立体感を。フェイスラインのゆるみにも。

リフトディメンション セラム 50ml ¥12,000／コスメデコルテ

保湿力の高いセラムとレチノール配合でなめらかに整えるクリーム状セラムのセット。

リプラスティ パワA+H.A.デュオ 30ml+29.4g ¥60,000／ヘレナ ルビンスタイン

P.52 美容液（美白用）

くすみがちな大人の肌に、明るさと透明感をもたらす実力派！

ホワイトロジスト ブライト コンセントレイト（医薬部外品）40ml ¥15,000／コスメデコルテ

1回1本使い切りの集中美白で、くもりのない輝く肌になる。

エクシア AL ホワイトニング イマキュレート エッセンス MXC（医薬部外品）1.5ml×28個 ¥25,000／アルビオン

紫外線だけでなく、ストレスや加齢も考慮したアプローチで、色ムラのない健やかな肌を育む。

ホワイトショット CXS（医薬部外品）25ml ¥15,000／ポーラ

シミの根本に着目したアプローチでパワフルな美白力を発揮。澄んだ肌に導く。

HAKU メラノフォーカスV（医薬部外品）45g ¥10,000（編集部調べ）／資生堂

P.52 アイクリーム

目元を引きしめてイキイキと。先端のセラミックチップで、マッサージも楽々。

ブラックローズ アイ コントゥール フリュイド 14ml ¥13,500／シスレージャパン

メディカル発想のアイクリームは、まぶたが重い日のお助けアイテム。小ジワ対策にも活躍中。

エピステーム アイパーフェクトショット a 18g ¥11,000／ロート製薬

皮膚だけでなく、ハリの要となる眼輪筋にも着目。くぼむ、たるむといった目元のエイジングサインに立ち向かえる。

B.A アイゾーンクリーム 26g ¥18,000／ポーラ

P.52 リップ美容液

高密着処方のテクスチャーで唇をラッピングすることで、高い保湿力を発揮。エイジングケア成分も配合し、全方位なリップケアを。

タカミリップ 7g ¥2,200／タカミ

P.52 クリーム（シワ用）

なめらかなテクスチャーでシワ改善に加え保湿力も優秀。目尻の小ジワにも最適。

エリクシール シュペリエル エンリッチド リンクルクリーム S（医薬部外品）15g ¥5,800（編集部調べ）／エリクシール

SKIN CARE

P.54 酵素洗顔

ビタミンC×酵素。肌のざらつきやくすみ、毛穴の黒ずみを一掃。スキンケアの浸透もアップ。

オバジC 酵素洗顔パウダー 0.4g×30個 ¥1,800／ロート製薬

2種類のパウダー入りでむき卵みたいなつるんとした肌に。

カネボウ リフレッシング パウダー ウォッシュ 0.4g×32個 ¥3,000／カネボウインターナショナルDiv.

リニューアル前からずっと愛用。肌がクリアに！

スイサイ ビューティクリア パウダーウォッシュN 0.4g×32個 ¥1,800（編集部調べ）／カネボウ化粧品

P.54 化粧水（毛穴用）

ピーリング成分配合。余分な皮脂や角質を除去してつるんとなるのに刺激レス。

ラボラボ スーパー毛穴エッセンスローション 100ml ¥1,500／ドクターシーラボ

とろみのあるテクスチャーで肌の汚れや不要な角質を、浮かせて絡め取る。穏やかな使い心地。

ベネフィーク リセットクリア 150ml ¥3,800（編集部調べ）／資生堂

皮脂抑制成分を配合したローションはテカリやメイククずれが気になるときに。

ONE BY KOSÉ バランシング チューナー（医薬部外品）120ml ¥4,500（編集部調べ）／コーセー

P.54 ニキビケア

抗炎症&殺菌成分を配合したニキビ治療薬。これを塗った後、ファンデを重ねてOKなのも嬉しい。

イハダ アクネキュアクリーム（第二類医薬品）16g ¥800／資生堂薬品

敏感肌のケアや肌荒れ予防で知られるカレンドゥラ配合。ニキビができそうなときにも使います。

カレンドラケアクリーム 25g ¥1,600／ヴェレダ・ジャパン

P.55 花粉症などの肌荒れケア

ニキビ対策にも使っているジェル。抗酸化力、免疫力に優れ、さらっとベタつかない使用感も◎。

セルキュレイト カロチーノジェル 60g ¥5,800／ネオメディック

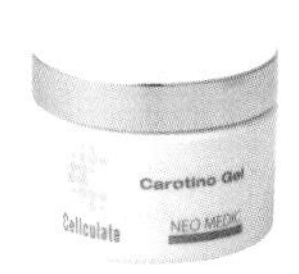

水を一滴も使わず100％有効成分で構成。鼻下ケアだけでなくさまざまな外的刺激から肌を守る。

スキン バリア バーム 18g ¥5,400／ドクター津田コスメラボ

高精製ワセリンが肌を保護して、潤いを閉じ込める。鼻のかみすぎでヒリヒリする鼻下をガード。

イハダ 薬用バーム（医薬部外品）20g ¥1,350／資生堂薬品

P.55 敏感肌用スキンケア

敏感肌用なのに、美白の有効成分もしっかりとIN。やさしく潤しながら、明るい肌に。

dプログラム パワーバイタルソリューション（医薬部外品）25g ¥6,000／資生堂インターナショナル

乾きやすく、デリケートな目元、口元用の美容液。夜のお手入れの最後に使います。

dプログラム ドライゾーンリペアエッセンス（医薬部外品）30g ¥4,200／資生堂インターナショナル

角層をたっぷりの潤いで満たすクリーム。調子が悪いときこそお手入れの仕上げでしっかり潤いキープを。

ディセンシー クリーム 30g ¥11,000／ディセンシア

お肌がゆらいでいる日の夜ケアはこれにスイッチ。頼もしい潤いで肌を満たし、翌朝にはモチモチに。

ディセンシー エッセンス 30g ¥12,000／ディセンシア

SKIN CARE

日焼け止め（顔用）

P.58~

ピンクベージュのテクスチャーで肌も明るく。薄メイクの日ならこれだけでも。

UVイデア XL ティント SPF50・PA++++30g ¥3,400／ラ ロッシュ ポゼ

悪影響を与える紫外線、近赤外線をガードしつつ、肌によい光は透過させる高機能UV。

B.A ライト セレクターSPF50+・PA++++45g ¥11,000／ポーラ

肌に明るさを宿すピンクベース。美容液としての機能もばっちり。

AQ エクストラ プロテクション（医薬部外品）SPF40・PA++ 60g ¥8,000／コスメデコルテ

肌の動きに合わせて伸び縮みする処方で、高い紫外線カット効果を1日キープ。

アスタリフト D-UV クリア ホワイトソリューション SPF50+・PA++++ 30g ¥3,900／富士フイルム

日焼け止め（からだ用）

P.58~

汗や水、太陽の熱でブロック効果が強くなるUV。アウトドアに◎。

アネッサ パーフェクトUV スキンケアミルク a SPF50+・PA++++60ml ¥3,000（編集部調べ）／資生堂

薄く均一に塗れるのに高温多湿の環境でも落ちにくくパワフル。

ビオレ UV アスリズム スキンプロテクトエッセンス SPF50+・PA++++70g ¥1,500（編集部調べ）／花王

赤ちゃんにも使える、みずみずしいUVミルク。

チャントアチャーム UVフェイス&ボディプロテクター SPF43・PA++ 80ml ¥2,800／ネイチャーズウェイ

日焼け止め（背中用スプレー）

P.61

敏感肌にも使える設計と高いUVカット効果が両立。汗にも強い。

アンテリオス UV プロテクションミスト SPF50+・PA++++50g ¥2,500／ラ ロッシュ ポゼ

手が届きにくい背中などにも、ムラなく均一に塗れるのが魅力。

ビオレUV アスリズム スキンプロテクトスプレー SPF50+・PA++++90g ¥1,500（編集部調べ）／花王

潤い下地

P.62~

スキンケア級の美容成分入り。肌が潤いなめらかに整う。

ピュア キャンバス パワー プライマー スーパーチャージド エッセンス 30ml ¥6,000／ローラ メルシエ

保湿力はもちろん、肌の凸凹や小ジワ、くすみなど“肌のアラ”のカバーも優秀。

ヴォワールコレクチュール n SPF25・PA++ 40g ¥6,500／クレ・ド・ポー ボーテ

みずみずしさはピカイチ。肌に潤いを宿すことで透明感と肌色がトーンアップ。

クリアカバー リキッドベース 30ml ¥7,500／Amplitude

カラー下地

P.64~

ピンッとハリを感じる明るくキメ細かい肌へ。

モイスチュアライジング メイクアップ ベース SPF30・PA+++30g ¥3,800／レ・メルヴェイユーズ ラデュレ

パール入りのラベンダーカラー。肌の透明感と発光感を引き出す。

イルミネイティング セラムプライマー 02 SPF20・PA++30ml ¥3,200／ジルスチュアート ビューティ

オレンジトーンでどんよりとした肌色もイキイキしてフレッシュに。

モデリング カラーアップ ベース OR200 SPF25・PA++ 30g ¥4,500／エレガンス コスメティックス

乳液のような潤い感。ピンクで自然な明るさも。

プロテクティング ファンデーション プライマー 01 SPF50+・PA++++ 30ml ¥3,500／ポール & ジョー ボーテ

BODY CARE

P.73 フェイスライン&首

ネック、デコルテ、バストのエイジングケア美容液。マッサージにもおすすめ。

センサイ ネック アンド デコルテ エッセンス 100ml ¥10,000／カネボウ化粧品

顔用クリームと同様の美容成分配合。なめらかなテクスチャーで、強力保湿。

ザ・ネック アンド デコルテ コンセントレート 50ml ¥35,000／ドゥ・ラ・メール

マッサージのお供に。シワやしぼみ、たるみ。ネックラインに出現するエイジングサインをケア。

クレーム プール クー N 50ml ¥17,000／シスレージャパン

塗った瞬間にジワッと温かさを感じるオイル。パソコン作業などが続いたときは首に少量なじませて、巡りをアップ。

ルルドビオ 40ml ¥6,476／美・ファイン研究所

P.74~ デコルテ&バスト

トーンを均一に、質感をふっくらと整えるクリーム。マッサージ塗りで引きしめも。

ITRIM クレセント バスト&デコルテトリートメントセラム 30g ¥12,000／ITRIM

バストを支える、首から胸元にかけての肌の引きしめ用。ハリに満ちた上向きバストを目指す!

レ ビュスト エパヌイッサン 50g ¥7,500／クラランス

痩せてしまいがちな大人バストに最適。美しいバストに欠かせないハリと弾力をサポートするバスト専用乳液。

ジェル ビュスト タンサール 50ml ¥7,500／クラランス

ハリ、弾力が欲しいときに。豊富な美容成分がコラーゲン生成にアプローチして、バストをたるみからブロック!

レ ビュスト フェルムテ 50g ¥7,500／クラランス

P.78~ 引きしめ(ウエスト、二の腕、お尻用)

セルライトのメカニズムを徹底的に研究。スリミング効果だけでなく、セルライト特有の肌表面の凸凹対策にも。

セルリ ノーヴ 200ml ¥23,000／シスレージャパン

お腹まわりの引きしめに! 脂肪に働きかける成分やハリ感アップの成分を配合して、理想のラインを目指せる。

クレーム マスヴェルト 190g ¥8,000／クラランス

産後ケアでもお世話になったオイル。ハリ不足の肌やたるみをパワフルに引きしめ! お風呂上がりに使用。

ボディオイル "トニック" 100ml ¥7,400／クラランス

引き上げ力に注目が集まる話題の成分"電子水"配合。マッサージのお供に最適。

エレクトロン エブリワン フィットアップ ボディジェル 180g ¥5,300／GMコーポレーション

P.87~ 美白

美白成分配合でシミ、くすみ対策に最適。みずみずしい使用感も秀逸。

ジュイール ホワイトニング ボディミルク(医薬部外品) 300g ¥6,000／アルビオン

P.84~ 脚

立ちっぱなしだった日や、脚が重だるい日はこれの出番。ひんやりとした感触で脚がすっきり。

ヴェナドロンジェル 200ml ¥3,800／ヴェレダ・ジャパン

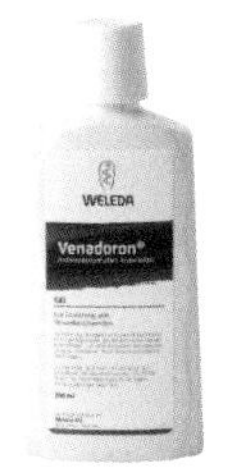

バスタイムの仕上げにこれでマッサージして冷水シャワーで引きしめ。脚をむくみからガード。

ボディオイル "アンティ オー" 100ml ¥7,400／クラランス

P.82~ お尻

お尻のザラつきやくすみを取り去りなめらかに整えるジェントルなスクラブ。

エクスフォリアンプールルコール 200g ¥9,000／クレ・ド・ポー ボーテ

P.86~ バスタイムグッズ

からだの余分な水分排出をスムーズに。むくみやセルライト対策に。

ポール・シェリー シルエット ハイドロ バスオイル 150ml ¥7,000／ピー・エス・インターナショナル

デトックス効果が高いので、むくみが気になる日やだるい日に。しっかりからだが温まるのも魅力!

ジョルダニアン デッドシーソルト 500g ¥4,200／BARAKA

ソルトは引きしめ、シュガーでもちもち肌に。

上:ジョヴァンニ ソルト ボディスクラブ、

下:同 シュガー ボディスクラブ 各260g 各¥2,600／コスメキッチン

香りで癒された い日に手に取るバスソルト。甘酸っぱさとパウダリーな甘さのバランスが絶妙。

バスソルト ザクロ 500g ¥7,000／サンタ・マリア・ノヴェッラ

BODY CARE

P.73~、86~ ボディオイル、クリーム

ビタミンA、E、Bを含むアボカドオイルが肌をつややかに。ジャスミンの香り。

アール デュ ソワン サテンオイル 100ml ¥6,700／ディプティックジャパン

栄養価の高いアマランスオイルを配合。塗るだけでなく、バスオイルとしても。

トランキリティ バス アンド ボディ オイル 200ml ¥13,000／コンフォートゾーン

エッセンシャルオイルだけで作られた芳しい香りと100%天然のオイルが秀逸。

NEOM ボディオイル GREAT DAY 100ml ¥6,000／ステキ・インターナショナル

オイルを配合したクリームなのでのびがよく保湿力も優秀。どんよりくすんだボディにハリと艶をもたらす。

Red B.A ボディクリーム 150g ¥4,800／ポーラ

P.88 保湿ケア

赤ちゃんにも使える白色ワセリンは、唇や目のまわりといったデリケートな部分の保湿にも最適。

matsukiyo ワセリンPRO（第三類医薬品）110g ¥980／マツモトキヨシ

保湿、血行促進、抗炎症の効果を持つヘパリン類似物質のみ。ひどい乾燥対策に。

ヒルメナイド油性クリーム（第二類医薬品）80g ¥1,800／マツモトキヨシ

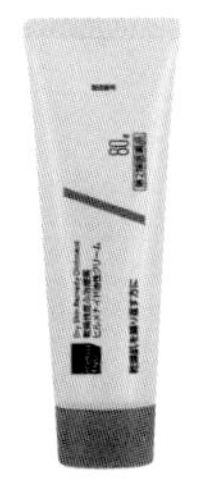

P.88 ハンドクリーム

ハリ感アップや抗糖化など、エイジングケア成分を配合。リッチな感触のハンドクリームは寝る前のケアにも。

ザ ハンドクリーム 100g ¥3,900／ポーラ

乾燥、くすみ、浮き出た血管など、手に現れるエイジングサインをケア！

エクシア AL グランド エターナル ハンド（医薬部外品）110g ¥8,000／アルビオン

P.88 角質ケア

洗い流し不要な塗るだけ角質ケア。肘、膝、Vライン含め全身に使える。保湿力も高く、これ1本でケアが完了。

タカミスキンピール ボディ 200g ¥5,600／タカミ

P.89 背中ケア

キメ細かく、肌にやさしい処方のミスト。日焼け後や敏感に傾いているときにも安心して使えます。

ラ ロッシュ ポゼ ターマルウォーター 300g ¥3,300／ラ ロッシュ ポゼ

余分な皮脂が溜まりがち、しかもくすみやすい背中は、クレイとスクラブでしっかり洗ってトーンアップできる！

ルミナイジング ボディクレイ 200g ¥3,800／イプサ

本来は顔用。わたしは背中にも。ビタミンC誘導体を10%配合で毛穴、キメの乱れやくすみ、ニキビ対策に大活躍。

APSソリューション10 80ml ¥7,400／タカミ

P.90 口腔ケア

歯磨きの仕上げに必ず。虫歯、歯周病、口臭の細菌の繁殖を抑制するマウスウォッシュは刺激レスで使いやすい。

コンクールF 100ml ¥1,000／ウエルテック

歯垢をやさしく残さず絡めとるマイクロファイバー入り。歯間ブラシと併用します。

フロアフロス Start Up（歯科専売品）40m ¥800（編集部調べ）／オーラルケア

持ちやすく歯のおそうじが楽々。

DENT.EX 歯間ブラシ 4S（歯科用）4本入り ¥500（編集部調べ）／ライオン

※購入については、かかりつけの歯科医院にご相談ください。

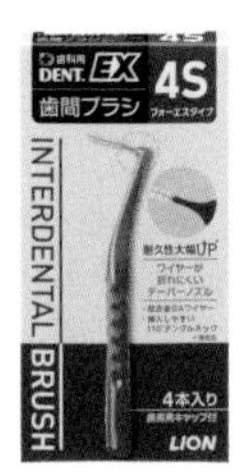

手磨きより確実に歯垢除去できるのが魅力。ステイン予防にも。

ソニッケアー ダイヤモンドクリーン 9000 ホワイト ¥24,400（編集部調べ）／フィリップス・ジャパン

歯磨き粉は、研磨剤、発砲剤不使用で歯や粘膜を傷つけないジェルタイプを。歯質を強化するフッ素を配合。

ジェルコート F 90g ¥1000／ウエルテック

P.91 ネイルケア

ファイルの傾斜のつるつるした面に指を当てて削るだけで、簡単にプロ級にオーバルネイルに。

KOBAKO ネイルファイル（オーバル）no.2 ¥1,300／貝印

ファイルに当てて削るだけで、美しいスクエアネイルが作れるネイルファイル。

KOBAKO ネイルファイル（スクエアオフ）no.2 ¥1,300／貝印

乾燥しやすい爪と爪まわりをしっかり保湿。するっと素早く浸透して、ベタつかないのも魅力。

ザ キューティクルオイル 12ml ¥2,000／ADDICTION BEAUTY

HAIR CARE

P.100 シャンプーブラシ

シリコン製のブラシは硬めが好み。シャンプー時に使って、頭皮をディープにクレンジング!

uka スカルプブラシ ケンザン ¥2,000／uka Tokyo head office

P.99 ヘアブラシ

特徴であるナイロンループの形状が、頭皮をマッサージしながら、ブラッシングが可能。

プロテクションヘアーブラシ946 ¥4,800／アッカカッパ

太くて多い私の髪にぴったり。ブラッシングしても絡まりにくいし艶もしっかり出るのでもう何年も愛用中。

ハンディブリッスル ¥19,000／メイソンピアソン

P.100~ シャンプー&トリートメント

髪のパサつきが気になるときに。

右から；サブリミック アクアインテンシブマスク（D）200g ¥4,300、同 シャンプー 250ml ¥2,600、同 トリートメント（D）250g ¥3,400（サロン専売品）／資生堂プロフェッショナル

頭皮のエイジングケア用。

右：サブリミック アデノバイタル ヘアマスク 200g ¥5,000、左：同シャンプー 250ml ¥3,000（サロン専売品）／資生堂プロフェッショナル

クセ毛で太い髪を、扱いやすく。

右：マスク オレオ リラックス 200ml ¥5,000、左：バン オレオ リラックス 250ml ¥3,000／ケラスターゼ

アウトバス用のトリートメント。髪を熱から守り、水にも強い保護膜を形成。

サブリミック ワンダーシールド（サロン専売品）125ml ¥3,800／資生堂プロフェッショナル

地肌が軽くなるスカルプケア用。

右から：ミネコラ リッチトリートメントEX 200g ¥5,000、同 ミネコラ アクティブスパフォーム EX 200g ¥8,500、同 リダクションフォーム EX 200g ¥22,000／アヴィナス

艶髪を実現する3ステップのセット。

右：インテンシブリペアトリートメント（ピュアスカルプ）500g ¥1,500、左：ココンシュペール インナーコンフォートシャンプー（ピュアスカルプ）500ml ¥1,500／クラシエホームプロダクツ

P.102~ 頭皮用セラム

毛根の発毛&育毛にアプローチする成分を配合。

サブリミック アデノバイタル スカルプパワーショット（医薬部外品）120ml ¥7,200／資生堂プロフェッショナル

P.104~ ヘアオイル

軽やかな髪に仕上げたい日に。サラッとしてべとつかないテクスチャーも魅力。

ココンシュペール スインググロスオイル 80ml ¥1,800／クラシエホームプロダクツ

しっとりまとまる髪に仕上げたい日に。美容成分もたっぷりのリッチなヘアオイル。

ボニカ プレミアム ヘアオイル 78ml ¥3,200／ガーデンイデアルシリーズ

P.104~ ドライヤー

素早く乾くし、髪の水分量もきちんとキープ。しかも軽いので乾かすのが楽々。

ホリスティックキュアドライヤー モイストプラスCCID-P02W ¥22,000／ホリスティックキュアーズ

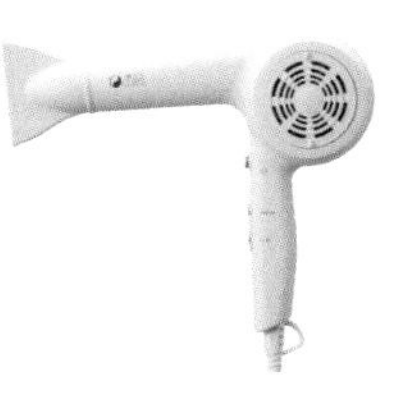

P.104~ ヘアタオル

こちらも吸水性が高く柔らかなマイクロファイバー繊維。ターバン、タオルの2WAYで便利。

ヘアドライマイクロファイバータオル deターバン ¥1,300／ハホニコ・ハッピーライフ

高密度な極細ファイバー繊維が濡れ髪の水分を素早く吸収。ドライヤーの時間短縮が可能に!

ヘアドライ マイクロファイバータオル ¥1,000／ハホニコ・ハッピーライフ

INNER CARE

P.110~ 水

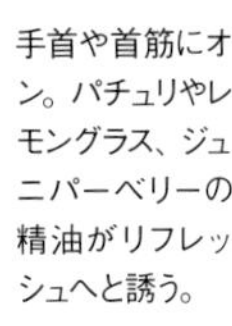

箱買いして常備。ミネラルウォーターの中でも抜群にアルカリ性が高く、酸性に傾きがちなからだをサポート。

温泉水99 500ml×30本 ¥4,950／エスオーシー

世界でもトップレベルのミネラル含有量で飲むエイジングケアが叶う。軟水のような炭酸水で食事にも合う。

ナベグラヴィ ペットボトル 500ml 1本 ¥198／ジョージアプレミアムフーズ

P.112~ 睡眠のための香り

手首や首筋にオン。パチュリやレモングラス、ジュニパーベリーの精油がリフレッシュへと誘う。

イラ ロールオン アロ マVE10ml ¥7,000／リラックスミュージアム

ハーバルウッディ調の香りで穏やかな気持ちに。

ザ パブリック オーガニック スーパーディープナイト ホリスティック精油ピローミスト ディープスリープ 60ml ¥2,800／カラーズ

リラックス、安眠、ストレス緩和の香りのエッセンシャルオイル。疲れて浅くなりがちな呼吸を、深く。

キング オブ フランキンセンス 5ml ¥5,600／BARAKA

P.116 デリケートゾーンケア

デリケートゾーンと同じ弱酸性処方。マイルドな泡立ちで汚れは落としつつ潤いをキープ。

Waphyto インティメイト ウォッシュ 120ml ¥2,500／Waphyto

加齢やストレス、疲労で乾燥しがちなデリケートゾーン用マッサージオイル。さらりとしたテクスチャー。

Waphyto インティメイト オイル 30ml ¥8,000／Waphyto

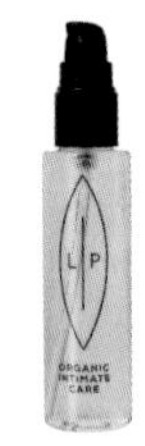

デリケートゾーンの乾燥を防ぎつつ穏やかに洗浄。保湿効果も。

クレンジング モイスチャライジングオイル シーバックソーン＋フラゴニア 75ml ¥3,200／リップ インティメントケア

P.118 用途別サプリメント

健康で美しい髪のための成分がぎっしりな育毛用サプリメント。爪が割れやすくなっているときにもおすすめです。

PANTOLEX5 120カプセル ¥10,000／タカコスタイル

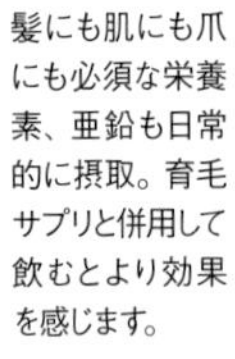

健康と美に全方位に役立つツバメの巣を配合したドリンク。インフルの季節には欠かさず摂取。

インナー リサージェンスリキッド 30ml 1本 ¥2,600／セルヴォーク

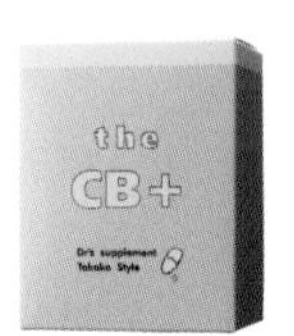

抗酸化、肌荒れ対策のビタミンC、睡眠の質を向上するビタミンB配合。忙しいときはこれに頼る。

the CB+30包 ¥6,500／タカコスタイル

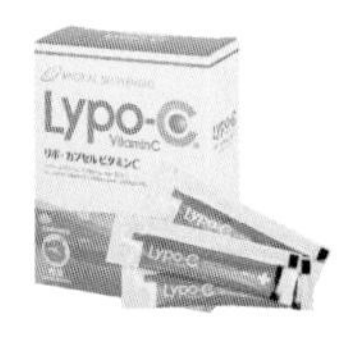

リポソーム技術できちんと届けるビタミンC。美肌はもちろん、疲労対策、免疫力アップのためにも、毎日摂取！

リポカプセルビタミンC 30包 ¥7,200／スピック

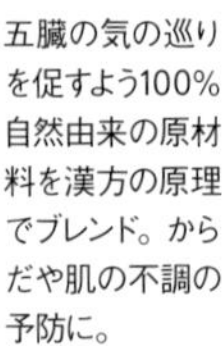

五臓の気の巡りを促すよう100%自然由来の原材料を漢方の原理でブレンド。からだや肌の不調の予防に。

臓活茶 60g（2g×30包）¥20,833／BHY

髪にも肌にも爪にも必須な栄養素、亜鉛も日常的に摂取。育毛サプリと併用して飲むとより効果を感じます。

the Zn beauty mix 90錠 ¥6,000／タカコスタイル

肌のベース作りに欠かせない鉄は、吸収の良いヘム鉄で摂取。生理中など、「足りないかも？」と思ったときにピンポイントで。

the Fe 60カプセル ¥5,700／タカコスタイル

植物由来のイソフラボンが主原料。生理前などのイライラや不快な症状対策に飲んでいます。眠りの質も向上。

the F advance 60カプセル ¥8,000／タカコスタイル

美と健康の要である腸のためお水などに溶かして飲んでいる乳酸菌生成エキス。

アルベックス 300ml（10ml×30本）¥8,000／ビーアンドエス・コーポレーション

PART 4

INNER CARE

P.120

香水&ヘアフレグランス

最初はほのかに甘くやがて深く。一言では表せない、複雑な香り。

チャンパカ・アブソルート オード パルファム スプレィ 50ml ¥28,000／トム フォード ビューティ

ついつい手が伸びる、"THE わたし" の香り。色っぽい風情が大好き。

ナルシソ オードパルファム プドゥレ 50ml ¥12,600／ナルシソ ロドリゲス パルファム

ベルガモットやマンダリン、ピンクペッパーが織りなすエモーショナルな香り。

オー ド パルファン フルール ドゥ ポー 75ml ¥20,500／ディプティックジャパン

肌の温もりをイメージさせる香り。柑橘系で始まり時間がたつごとに香りが官能的に変化する様はまさに大人。

ダン テ ブラ 100ml ¥31,000／フレデリック マル

映画「昼顔」にインスパイアされて生まれたやわらかく妖艶な香り。

メゾン クリスチャン ディオール ベル ドゥ ジュール 250ml ¥36,500／パルファン・クリスチャン・ディオール

ハンサムなファッションの日にあえて纏いたいみずみずしい香り。持続力も◎。

ミス ディオール ヘア ミスト 30ml ¥4,500／パルファン・クリスチャン・ディオール

品と色香を併せ持つリッチカメリアを髪にふわり。潤いを与える成分もIN。

リッチカメリア ヘアフレグランス 50ml ¥6,000／フローラノーティス ジルスチュアート

優雅でフレッシュ、そしてちょっぴり甘い。そんなローズの魅力を余すことなく堪能できる一品。

ヘアフレグランス オー ローズ 30ml ¥6,300／ディプティック ジャパン

PART 5

BODY TRAINING

P.126~

トレーニンググッズ

右のボールよりちょっと硬め。よりハードにほぐしたいときに!

ビースティ・ボール／ハードフォーム 直径7.5cm ¥3,500／セルフボディケア・ジャパン

トレーニング中のピンポイントなほぐしに。床に置いて足裏ほぐしにも使える。

ビースティ・ボール／ソフトフォーム 直径7.5cm ¥3500／セルフボディケア・ジャパン

背中全体など、広い範囲をほぐすときにも活躍。

ランブルローラー ミドルサイズ・スタンダードフォーム（限定ピンクVer.）全長55cm 直径14cm ¥8,400／セルフボディケア・ジャパン

全身のケアに最適なので初心者にもおすすめ。

ランブルローラー スモールサイズ・スタンダードフォーム 全長31cm 直径13cm ¥6,500／セルフボディケア・ジャパン

ほどよい刺激で、狙った部分にアプローチ。すねから足の甲のほぐしにも!

ビースティ・ピーナッツ ソフトフォーム ¥4,500／セルフボディケア・ジャパン

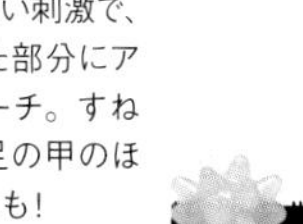
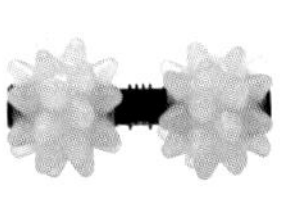

ジャストな負荷をかけるための高さ調整に活躍。ローラーをのせてもすべりにくく、高さも絶妙。

ムーン ボックス ライト（約24×29×15cm）¥10,000／フィットネスライフプラン

トレーニング中に装着する他、椅子などに座った際に腰に装着すれば、骨盤の歪み対策に活躍。

ラクナール Mピンク ¥9,250／日本ラクナールライセンス協会

Shop List

コスメデコルテ　0120-763-325
コーセー　0120-526-311
コットン・ラボ お客様相談室　0893-25-5141
コンフォートゾーン　0120-39-5410
サンタ・マリア・ノヴェッラ銀座　03-3572-2694
GMコーポレーション　0120-66-7170
シスレージャパン　03-5771-6217
資生堂　0120-81-4710
資生堂インターナショナル　0120-81-4710
資生堂プロフェッショナル　0120-81-4710
資生堂薬品 お客さま窓口　03-3573-6673
ジルスチュアート　ビューティ　0120-878-652
ジョージアプレミアムフーズ　03-6257-1072
SUQQU　0120-988-761
ステキ・インターナショナル　03-6427-2577
スピック　0120-663-337
セルヴォーク　03-3261-2892
セルフボディケア・ジャパン　selfbodycare.jp
タカコスタイル　03-6455-0021
タカミ お客さま相談室　0120-291-714
ディプティックジャパン　03-6450-5735
ドゥ・ラ・メール お客様相談室　0570-003-770
ドクターシーラボ　0120-371-217
ドクターシーラボ（ラボラボ）　0120-146-555
ドクター津田コスメラボ　0120-555-233
トム フォード ビューティ　0570-003-770
ナルシソ ロドリゲス パルファム お客さま窓口
0120-110-664
日本ラクナールライセンス協会　03-6304-2540
ネイチャーズウェイ（チャントアチャーム）
0120-070153
アヴィナス　0120-981-344
アッカカッパ東京ミッドタウン日比谷　03-6205-7648
ADDICTION BEAUTY　0120-586-683
RMK Division　0120-988-271
アルビオン　0120-114-225
Amplitude　0120-781-811
ITRIM（イトリン）　0120-151-106
イプサお客さま窓口　0120-523543
ウエルテック　0120-17-8049
ヴェレダ・ジャパン　0120-070-601
uka Tokyo head office　03-5843-0429
エスオーシー　0120-17-4132
SK-II お客様相談室　0120-021325
エスティ ローダー　0570-003-770
エリクシール お客さま窓口　0120-770-933
エレガンス コスメティックス　0120-766-995
オーラルケア　0120-500-418
オルビス　0120-926-020
貝印 お客様相談室　0120-016-410
花王（エスト）　0120-165-691
花王（ビオレ）　0120-165-692
ガーデン イデアルシリーズ　03-6427-7874
カネボウ化粧品　0120-518-520
カネボウインターナショナルDiv.　0120-518-520
カバーマーク カスタマーセンター　0120-117-133
カラーズ　050-2018-2557
クラシエホームプロダクツ　0120-540-712
クラランス お客さま窓口　03-3470-8545
クレ・ド・ポー ボーテ　0120-86-1982
ケラスターゼ　03-6911-8333
コスメキッチン　03-5774-5565

ネオメディック　03-5772-3399
パナソニック　0120-878-697
ハホニコ・ハッピーライフ　0120-8025-11
BARAKA　03-5454-7200
パルファン・クリスチャン・ディオール　03-3239-0618
ビーアンドエス・コーポレーション　03-3288-0068
BHY表参道　03-6447-0585
ピー・エス・インターナショナル　03-5484-3481
美・ファイン研究所　0120-393-903
FEMMUE　0120-201-790
フィットネスライフプラン　fittnesslifeplan.shop@gmail.com
フィリップス・ジャパン　0120-944-859
富士フイルム　0120-596-221
フレデリック マル お客様相談室　0570-003-770
プロティア・ジャパン　0120-085-048
フローラノーティス　ジルスチュアート　0120-878-652
ベレガ　0120-87-7080
ヘレナ ルビンスタイン　0120-469-222
ポーラ お客様相談室　0120-117111
ホリスティックキュアーズ　03-6809-2480
ポール & ジョー ボーテ　0120-766-996
マツモトキヨシ お客さま相談室　0120-845-533
メイソンピアソン（オズ・インターナショナル）
mason@ozinter.co.jp
ライオン お客様センター　0120-556-913
ラ ロッシュ ポゼ　03-6911-8572
ランコム お客様相談室　0120-483-666
リップ インティメイトケア　03-5787-6171
リラックスミュージアム　0120-998-620
レ・メルヴェイユーズ ラデュレ　0120-818-727
ロート製薬（エピステームコール）　03-5442-6008
ロート製薬（オバジコール）　06-6753-2422
Waphyto　info@waphyto.com

※本書に掲載されている情報は2020年9月時点のものです。
商品やブランドについての情報は変更になる場合があります。
※商品価格は税抜き表示です。
※問い合わせ先メーカーは五十音順に掲載しています。

あとがき

2020年。いろいろなことを考えた1年でした。
当たりまえだったことが、どれだけ幸せだったのかを知り、自分とは？　人生とは？　を考え続けた年。
自分の中で変化したこと。より大切になったこと。
大切なひとの人生。そして自分の人生をもっと大切に生きたい。
そう強く思った時間でした。

美容というものもまた、わたしの中で少し変化したように感じます。
大切にしたいものであることは変わらないけれど、
より自分へと向かうものでありたいと感じるようになりました。
綺麗だと思われたい。もちろんその気持ちも大切にしたい。
でも今はもっともっと自分のこころに向けられた「綺麗」でありたいと思うのです。
初めてに近いほど、誰にも会わずに過ごした数ヶ月。
不安やストレスに浸かって過ごしているような日々の中、
こころに清々しい空気を送り込んでくれたのは自分への心地よさでした。
それは例えば、家族の笑顔を見る。美味しいものを食べる。そんな心地よさ。
そしてそれと同じように、自分の肌やからだを丁寧にケアすることの心地よさ。

これもわたしにとても力をくれたように思います。
なんだか調子のいい肌。思わずにんまりしちゃうぺたんこなお腹。ツヤツヤとなびく髪。
自分だけにしかわからないかもしれないその変化がくれる喜びや気持ちよさ。
「綺麗になる」ことや「美容」は、単に外見を変えることではなく、
自分を安心させたり、勇気づけたり、癒したりすることでもある。
その美容の力を改めて体感しています。

今回のこの本はとにかくケアにこだわりました。
肌、からだ、髪、こころ。
ご紹介しているひとつひとつが丁寧に「自分」にこころを込めるプロセスです。
なにかひとつでも試していただくことができたら、見た目の変化以上に、
心地よさ、そして自分への愛を感じていただけるのでは、と思っています。

最後に、この本を楽しみにしてくださっていたみなさま、こころからありがとうございます。
この本の誕生に愛と熱を注いでくださったスタッフのみなさま、
何度「ありがとう」を重ねても足りないほどです。

そして、どんなときも笑顔や勇気を分けてくれる息子たちへ愛を込めて。

2020年10月　神崎　恵

Clothes' Credit

Cover (Nomal Edition)
ホワイトサーマルトップス¥14,000／ブルーバード ブルバード
リング¥8,800／エナソルーナ　ショーツ／スタイリスト私物

Cover Side (Nomal Edition)
デニム¥18,000／BLACK BY MOUSSY（バロックジャパンリミテッド）
パールピアス¥33,000、ダイヤブレスレット¥255,000／ともにカドー（カドー伊勢丹新宿店）　ファーコート、ボディスーツ、サングラス／スタイリスト私物

P4-5
パールネックレス／MAAYA

P12-15
コインネックレス¥40,000、チェーンネックレス¥146,000
ピアス¥320,000／すべてGIGI（ホワイトオフィス）
ロゴスウェット、ソックス、ベロアビキニセット／スタイリスト私物

P16-17
ピンクスウィムワンピース¥32,000／BETH RICHARDS（シジェーム ギンザ）　カドーのブレスレット／本人私物　スニーカー／スタイリスト私物

P18-19, Cover (Limited Edition)
ブラックスウィムワンピース¥32,000／BETH RICHARDS
（シジェーム ギンザ）　ピアス¥7,637／アビステ
リング¥25,000／エナソルーナ　ハット／スタイリスト私物

P20-21
ホワイトロングスカート／エブール　ショートネックレス¥62,000、
ネックレス¥64,000、ピアス¥56,000／すべてGIGI（ホワイトオフィス）
マリア ブラックのブレスレット／本人私物　ベア、チュチュ、スニーカー／スタイリスト私物

P22-23
ワイドリング¥82,000、リング¥68,000／GIGI（ホワイトオフィス）
グリーンショーツ／スタイリスト私物

P24
ホワイトリネンシャツ／カオス　パンツ／スタイリスト私物
ショートネックレス¥62,000／GIGI（ホワイトオフィス）

P26-29
グリーンキャミ／アンクレイヴ　ピアス¥12,000／エナソルーナ　ネックレス¥62,000／GIGI（ホワイトオフィス）　ショーツ／スタイリスト私物

P126-147
グリーンリーフブラトップ（同柄パンツセット）¥16,300、
ホワイトレギンス¥10,300／ともにカパリリ ハワイ クロージング

P184
カーキスウィムワンピース／カオス
パープルスエードスカート¥49,000／ブルーバード ブルバード

その他の衣装はすべてスタイリスト私物

Clothes' Store Directory

アビステ　03-3401-7124
アンクレイヴ（オンワード樫山）　03-5476-5811
エナソルーナ　enasoluna.com
エブール　03-5412-1871
カオス　chaostokyo.jp
カドー伊勢丹新宿店　03-3351-5586
カパリリ ハワイ クロージング　kapalili.com
シジェーム ギンザ　03-6263-9866
バロックジャパンリミテッド　03-6730-9191
ブルーバード ブルバード　03-5772-1551
ホワイトオフィス　03-5545-5164
MAAYA　078-252-1763

※本書に掲載されている情報は2020年9月時点のものです。
商品やブランドについての情報は変更になる場合があります。
※商品価格は税抜き表示です。

神崎　恵

MEGUMI KANZAKI

1975年神奈川県生まれ。3人の息子をもつ母。
本人が主宰する、ひとりひとりにカスタマイズしたメイクや生き方を提案するアトリエ『mnuit』は、募集開始とともに満席。日常から特別な瞬間まで、女性たちを綺麗に導くメソッドを提供する。
「MAQUIA」「美的」「VoCE」など美容誌を中心に
毎月数多くの雑誌、イベントなどで活躍中。
自ら試し、本当にいいと実感できるものだけをすすめるスタイルが世代を問わず支持されており、自身のInstagramのフォロワー数は47万人を超える(2020年9月時点)。
著書累計発行部数は134万部を突破。
Instagram@megumi_kanzaki

staff

撮影
金谷章平_cover, P6-29, 94-97, 186-189
イマキイレカオリ_P3-5, 32-91, 98-109, 124-171

デザイン
橘田浩志（attik）

スタイリング
石関靖子

ヘア
津村佳奈（Un ami）_cover, P12-55, 59-65, 70-105, 124-171, 186
赤羽麻希（joemi by Un ami）_P3-5, 56-57, 68-69

編集協力
中川知春

校正
麦秋新社　玄冬書林

マネージャー
作田杜大（株式会社ケイダッシュ）

エグゼクティブプロデューサー
谷口元一（株式会社ケイダッシュ）

編集
川上隆子　金城琉南（ワニブックス）

編集統括
青柳有紀（ワニブックス）

神崎CARE

神崎 恵　著

2020年11月13日　初版発行
2020年12月 1日　2版発行

発行者　横内正昭
発行所　株式会社ワニブックス
〒150-8482
東京都渋谷区恵比寿4-4-9　えびす大黒ビル
電話　03-5449-2711（代表）
03-5449-2716（編集部）
ワニブックスHP　http://www.wani.co.jp/
WANI BOOKOUT　http://www.wanibookout.com/

印刷所　凸版印刷株式会社
DTP　株式会社オノ・エーワン
製本所　ナショナル製本

※本書のメソッドは、効果・効用には個人差があります。
※事故やトラブルに関して本書は責任を負いかねますので、
あくまでも自己責任においてご活用をお願いいたします。
※本書のメソッドを行うことに心配や不安がある場合は、
専門家や専門医にご相談のうえお試しください。

ISBN978-4-8470-9959-5